Helmut Roob
Gotha · Ein historischer Führer

D1694756

Reihe »Historische Stadtführer«

regio Verlag Glock und Lutz · Sigmaringendorf

Helmut Roob

Gotha

Ein historischer Führer

1991

regio Verlag Glock und Lutz · Sigmaringendorf

Die Deutsche Bibliothek – CIP-Einheitsaufnahme

Roob, Helmut:
Gotha : ein historischer Führer / Helmut Roob. -
Sigmaringendorf : regio Verl. Glock und Lutz, 1991
   (Reihe »Historische Stadtführer«)
   ISBN 3-8235-8017-5

© 1991 by regio Verlag Glock und Lutz, Sigmaringendorf

Gesamtherstellung:
Hohenloher Druck- und Verlagshaus, Gerabronn

Printed in Germany · ISBN 3-8235-8017-5

Inhalt

Geschichte der Stadt 7

Frühgeschichte und Anfänge 7 – Gotha im Mittelalter 8 – Kirchliches Leben im Mittelalter 12 – Myconius und die Reformationszeit 15 – Die Grumbachschen Händel 1564–67 und ihre Folgen 19 – Gotha wird herzogliche Residenzstadt 24 – Gotha im Zeitalter des Barock 28 – Wissenschaft und Kunst unter Ernst II. 34 – Gotha im 19. Jahrhundert 38 – Unter den Coburgern 42 – Gotha um die Jahrhundertwende 47 – Im Ersten Weltkrieg 49 – Nachkriegsjahre 50 – Im Zweiten Weltkrieg 53 – Zweite Nachkriegszeit 54 – Nach der Wende 1989 57

Führer durch die Stadt 59

Festung Grimmenstein und Schloß Friedenstein 59 (Der Grimmenstein 59; Schloß Friedenstein 60) – Schloßberg 83 – Am Hauptmarkt 86 – Der Brühl 93 – Am Neumarkt 94 – Erfurter Straße 98 – Arnoldiplatz und Freidrichstraße 98 – Justus-Perthes-Straße 105 – Augustinerkirche 106 – Kloster- und Myconiusplatz 108 – Bürgeraue 109 – Bergallee 110 – Arnoldischule 113 – Bauschule 114 – Gemeindehaus „Versöhnungskirche" 116 – Freundwarte 116 – Jüdischer Friedhof 117 – Rohrbach-Sternwarte 117 – Stadthalle 118 – Lutherschule 120 – St.-Bonifatius-Kirche 120 – Synagoge 120 – Hauptfriedhof 122 – Marstall 124 – Prinzenpalais 124 – „Porzellanschlößchen" (Haus der Kinder) 126 — Reyherschu-

le 126 – „Versicherungsviertel" Bahnhofstraße 127 –
Neue Sternwarte 129 – Hauptbahnhof 129 – Bad
am Riedweg, Tierpark 132 – Alte Sternwarte 132 –
Kreiskrankenhaus 134 – Friedrichskirche 134 –
Kinderkrankenhaus 134 – „Zum Mohren" 135 –
Ortsteil Siebleben 136 – Pferderennbahn am Box-
berg 140

Zeittafel   141

Literaturhinweis und -auswahl   147

Stadtplan 150/151

Bildnachweis   152

Geschichte der Stadt

Frühgeschichte und Anfänge

Gotha gehört zu den ältesten Siedlungen in Thüringen, was die schriftliche Überlieferung betrifft. Nach den ur- und frühgeschichtlichen Funden in der Stadtflur und in der nächsten Umgebung reicht die Besiedlung bis ins Mesolithikum (Mittlere Steinzeit) etwa um 6-5000 v. Chr. zurück und ist mit Funden aus den nachfolgenden Perioden des Neolithikums (Jungsteinzeit) über die Bronze- und frühe Eisenzeit bis über die Völkerwanderung hinaus in den verschiedenen Kulturschichten nachweisbar. Zu den häufigeren Fundorten für die frühen Epochen gehören die Gemarkung Töpfleben am Kleinen Seeberg, die Komplexsiedlung Alschleben östlich des Galberges (seit dem Spätmittelalter wüst), die einstige Bettelherrenmühle im Heutal und die Geierslache bei Siebleben. Dazu kommen Fundstellen der Bronzezeit beim Fischhaus am Seeberg und beim einstigen Pulverturm am Galberg. Im eigentlichen älteren Stadtgebiet machte man Funde am Arnoldiplatz, in der Breiten Gasse und der Remstädter Straße sowie in der Reuter- und Kindleber Straße und im Schlichtenfeld, oberhalb des Wilden Grabens gelegen.

Das heutige Gotha geht auf eine 775 erstmals erwähnte dörfliche Siedlung am Wiegwasser und an der Wolfgangswiese namens *Gothaha* am westlichen Stadtrand zurück. Der althochdeutsche Ortsname wird am zutreffendsten als »gutes Wasser« gedeutet, das eine lebenswichtige Voraussetzung für eine dauernde Besiedlung war. Diese früheste schriftliche Überlieferung ist in einer Schenkungsurkunde Karls des Großen (742-814) enthalten, die der fränkische König am 25. Oktober 775 in Düren ausgestellt hat, als er den vierten Sachsenkrieg vorbereitete. Dabei überließ er dem Kloster Hersfeld in Hessen die Zehntabgaben von sechs Höfen und sechs Hufen Land in der *villa Gothaha*.

Kloster Hersfeld erwarb durch zahlreiche Schenkungen sowohl aus Königsgut als auch aus dem Besitz vieler Adliger und Freier einen umfangreichen Streubesitz in Mittelthüringen, der im Hersfelder Zehntverzeichnis vom Anfang des 9. Jahrhunderts zusammengefaßt ist. Darin wird Gotha wieder erwähnt. Dann schweigt die urkundliche Überlieferung für etwa drei Jahrhunderte.

Daß der Abt des Klosters Hersfeld und spätere Hildesheimer Bischof Gotehard (961-1038) Gotha als Stadt gegründet haben soll, ist eine unbewiesene Legende. Aber Hersfelder Besitzungen oder doch engere Beziehungen sowie die Ähnlichkeit der Namen Gotha und Gotthard – die Schreibweisen haben früher oft gewechselt – führten wohl dazu, daß der Hersfelder Gotehard später in Siegel und Stadtwappen aufgenommen wurde und bis zur Gegenwart auch darin geblieben ist.

Gotha im Mittelalter

Erst in den Urkunden der Landgrafen von Thüringen treten im 12. Jahrhundert Herren von Gotha wiederholt als Zeugen auf. Wichtig aber ist für die Geschichte der Stadt die Urkunde Landgraf Ludwigs III. (1140-90), in der Gotha sowie Eisenach und Kassel, Creutzburg und Breitungen *civitates meas* (meine Städte) genannt werden. Sein Vater Ludwig II. der Eiserne hatte schon 1168 eine seiner Urkunden in Gotha ausgestellt und damit diesen Ort als einen bedeutenden seines Territoriums überliefert. Die Urkunde Ludwigs III., durch die das hessische Kloster (Spieß-)Kappel in den genannten landgräflichen Städten vom Marktzoll befreit wird, ist nicht genau datiert (1180/89), fällt aber in die Zeit, in der der Landgraf eine aktive Politik als Reichsfürst an der Seite Kaiser Friedrichs I. Barbarossa in der Auseinandersetzung mit Heinrich dem Löwen betreibt. Diese erstmalige Erwähnung Gothas als Stadt läßt darauf schließen, daß hier schon früher mit der Anlage einer städtischen Siedlung begonnen wurde, deren Straßennetz mit seinem rechteckigen Gitterschema damals charakteristisch für andere städtische Gründungsanlagen der Landgrafen in Thüringen und Hessen war. Die alte *villa Gothaha* ist dabei eingegangen, ihre Bewohner sind freiwillig oder gezwungen in die neue Stadt gezogen. Diese lag an der *via regia,* der Königs- oder Hohen Straße, die schon seit alten Zeiten das Rhein-Main-Gebiet um Frankfurt mit dem kurmainzischen Erfurt, später auch mit Magdeburg sowie über Leipzig mit Breslau und Krakau verband. Auch die Waldstraßen von Mainfranken (Würzburg), aus dem die Ludowinger, die späteren Landgrafen von Thüringen, stammten, wie uns Eike von Repgow im »Sachsenspiegel« überlieferte, kamen über das ebenfalls landgräfliche Waltershausen – seit 1209 Stadt und Burg – nach Gotha. Von Nürnberg über Coburg durch das Werratal über den Oberhofer Paß und Ohrdruf führte eine weitere Handelsstraße nach Gotha, die in ihrer Hauptrichtung über Erfurt und das Thüringer Becken zum Harz und bis nach Braunschweig verlief.

(1) *Mittelalterliches Stadtsiegel von Gotha (um 1250).*

9

Die Bedeutung der landgräflichen Stadt Gotha geht aus verschiedenen Überlieferungen hervor. Obwohl kein offizieller Akt der Stadtrechtsverleihung stattgefunden hat, gehört doch das ältere Gothaer Stadtrecht zur Rechtsfamilie der thüringischen Landgrafenstädte mit Eisenach als Oberhof für Gotha, an das Weissensee im 13. und Jena und Waltershausen im 14. Jahrhundert verwiesen wurden. Außerdem war Gotha eine der landgräflichen Hauptmünzstätten, in der von 1160 bis 1290 Brakteaten geprägt wurden. 1217 wird die Gothaer Burg, 1316 als »Grimmenstein« genannt, erstmals auch als zeitweilige Residenz überliefert, wo Landgraf Hermann I. – in Dichtung und Musik durch den »Sängerkrieg« auf der Wartburg bekannt – starb.

Mit dem unerwarteten Tod Landgraf Heinrich Raspes, der 1246 zum Gegenkönig des Stauferkaisers Friedrich II. gewählt worden war, starb 1247 das Geschlecht der Ludowinger Landgrafen aus. Nach dem hessisch-thüringischen Erbfolgekrieg (1259-63) kamen die Landgrafschaft Thüringen und damit auch Gotha an den Wettiner Markgrafen Heinrich den Erlauchten, der mit den Ludowingern verschwägert war. Auch unter diesem Fürstengeschlecht blieb Gotha eine bedeutende thüringische Stadt, wie das Einkommensregister der Markgrafen von Meissen und Landgrafen von Thüringen aus dem Jahre 1378 zeigt. Die Summe der jährlichen Abgaben an die fürstliche Kammer betrug 590 Mark Silber und wurde nur von Eisenach und Altenburg übertroffen. Allein für das Bier- und Braurecht, das damals 189 Gothaer Bürger besaßen, mußten diese 145 Mark abführen. Von 1340 bis um 1482 war hier auch wieder eine Münze als Prägungsstätte tätig, in welcher Gothaer Hohlpfennige geprägt wurden. Da es auf Grund der Lage der Stadt Schwierigkeiten mit der Wasserversorgung gab und sie fast nur auf ihre Brunnen angewiesen war, ließ Landgraf Balthasar, der hier gern residiert hat, 1369 den Leinakanal als Wasserzuführung vom Thüringer Wald über den Boxberg in die Stadt anlegen. Dieser Wasserlauf existiert heute noch und speist die Wasserkunst am Schloßberg.

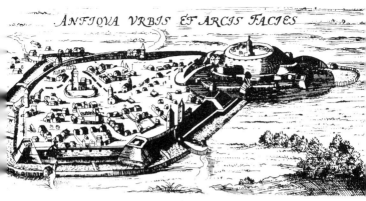

ANTIQVA VRBIS ET ARCIS FACIES

(2) *Gotha im späten Mittelalter.*

Die Wehrhaftigkeit der Stadt ist seit dem frühen 15. Jahrhundert nachweisbar. Denn 1426 mußte ein bewaffnetes Aufgebot unter Bürgermeister Hans Welzing nach Freiberg in Sachsen geführt werden. Als die Hussiten die Elbestadt Außig angriffen, die 1423 von Kaiser Sigismund an den sächsischen Kurfürsten verpfändet worden war, kam es am 16. Juni 1426, einem heißen Sonntag, zu einer verlustreichen Schlacht und zur Niederlage der sächsisch-thüringischen Truppen, wobei der Gothaer Bürgermeister und die meisten seiner Gothaer Kampfgefährten fielen. Zur Schießausbildung trafen sich die wehrberechtigten Gothaer auf dem Schützenhof beim sogenannten Schweinsrasen am Schützenberg. Mit der Schützenordnung von 1442, die 1451 erneuert wurde, besaß Gotha eine der ältesten deutschen Schützenordnungen. 1478 fand im Herbst ein Schützenfest statt, bei dem mit der Armbrust – so bis 1543 – geschossen wurde. Diese Schützentradition wurde durch die Jahrhunderte bis in die ersten vierzig Jahre des 20. Jahrhunderts gepflegt und 1990 mit der Neugründung der Gothaer Altschützengesellschaft 1442 e.V. wieder aufgenommen.

Neben Tuch- und Getreidehandel war der Handel mit Waid ein wichtiger Wirtschaftsfaktor für Gotha, das zu den fünf thüringischen Waidstädten (Erfurt, Gotha, Arnstadt, Langensalza und Tennstedt) gehörte. Auf den Dörfern der Umgebung, wo z. T. heute noch Waidsteine der einstigen Waidmühlen sowie Straßen- und Gassennamen daran erinnern, wurde die gelbblühende Färbepflanze Waid *(Isatis tinctoria)* angebaut. Sie wurde von den Bauern als Rohprodukt verarbeitet und an die Waidhändler in der Stadt verkauft, die aus ihr die waidblaue Textilfarbe gewannen, die sie im Fernhandel bis in die Rheinlande und in die Lausitz äußerst gewinnbringend verkauften. Zwei Waidhäuser aus dem 16. Jahrhundert am Hauptmarkt und in der Gretengasse sind heute noch Zeugen des damals blühenden Wirtschaftszweiges, der im Dreißigjährigen Krieg fast ganz aus der thüringischen Landwirtschaft verschwand, zumal ihr im Indigo ein starker Konkurrent entstanden war. Waid wurde später nur noch gärtnerisch angebaut und teils als Textilfarbe, teils als Heilpflanze verwendet.

Kirchliches Leben im Mittelalter

Das kirchliche Leben Gothas im Mittelalter bestimmten zuerst die beiden Pfarrkirchen St. Margarethen am Neumarkt und, als vermutlich ältere, St. Marien am Berge. Dazu kam eine Kapelle am unteren Hauptmarkt und eine Wolfgangskapelle am nordwestlichen Stadtrand, die vermutlich mit der Stadtgründung eingegangen ist. 1251 wurde am heutigen Klosterplatz ein Zisterzienserinnenkloster zum Heiligen Kreuz gegründet, das die frommen Frauen vier Jahre später vor das Brühler Tor verlegten. Dann folgte eine Niederlassung der schwarzgewandeten Augustiner-Bettelmönche im Jahre 1258 als erste in Thüringen. Das heutige Augustinerkloster mit der Kirche und dem Kreuzgang ist im wesentlichen um 1366 entstanden. 1344 kamen Augustiner-Chorherren aus Ohrdruf nach Gotha und übernahmen die Marienkirche am Berge, die nun auch die Kirche dieses Kollegiatstiftes wurde. Dabei setzte der Rat von Gotha in einem Vertrag mit diesen Chorherren durch, daß diese auf jeden Erwerb von Grundbesitz im Umkreis von einer halben Meile verzichteten.

Mit der Vernachlässigung ihrer kirchlichen Pflichten und durch ihren nachlässigen Lebenswandel, der ihren Ordensregeln immer mehr widersprach, haben sich die Augustiner-Chorherren in der Stadt unbeliebt gemacht. Darüber sind wir durch die lateinischen Briefe des einzigen gelehrten Chorherren Conrad Mutianus Rufus (1471-1526) unterrichtet, der sich 1503 als Kanoniker mit einer jährlichen Pfründe von 60 Gulden am Berge niedergelassen hat. Er hatte in Erfurt studiert und war 1498 in Bologna zum Dr. juris promoviert worden. Seine Gothaer Klause »Beata tranquilitas« (Glückliche Ruhe) war bald zum Treffpunkt der Erfurter Humanisten geworden und Mutian 1503 zum Initiator der berühmt gewordenen »Dunkelmännerbriefe«, zu deren Verfassern vor allem Crotus Rubeanus und Ulrich von Hutten gehörten, nicht aber Mutian, der übrigens auch von Luther und Myconius geschätzt worden ist. Den Niedergang des Mönchslebens versuchten damals sowohl klösterliche Reform- und Erneuerungsbewegungen als auch die Landesherren durch Verordnungen aufzuhalten. So legte Herzog Wilhelm III. von Sachsen (1445-82) in seiner Landesordnung von 1446 Vorschriften für eine ordentliche Lebensführung der Geistlichen und Mönche und für die kirchliche Disziplin seiner Untertanen fest. Auch die Brüder Kurfürst Ernst und Herzog Albrecht hatten in ihre Landesordnung von 1482 solche Vorschriften für das kirchliche Leben aufgenommen.

Martin Luther, der Ende April 1515 im Gothaer Augustinerkloster zum Distriktvikar der sächsisch-thüringischen Kongregation seines Ordens gewählt worden war, visitierte damals und im folgenden Jahr das Gothaer Kloster. In seiner Predigt am 1. Mai 1516 verurteilte er die Klatsch- und Verleumdungssucht seiner Ordensbrüder, hatte aber sonst offenbar nichts anderes an ihnen zu rügen. Später war er wiederholt in Gotha, so am 9. April 1521 auf der Reise zum Wormser Reichstag, 1529 auf der Hin- und Rückreise zum Marburger Religionsgespräch und 1540 zu einer Beratung mit Landgraf Philipp von Hessen. Einen etwas längeren Aufenthalt hatte der Reformator vom 1. bis 4. März 1537, als er wegen einer Erkrankung vom Schmalkalder Konvent kam und im Haus des Amtsschössers Hans Löwe am Hauptmarkt darnieder lag. Hier diktierte er sein erstes Testament, konnte dann aber nach Wittenberg zurückreisen. –

In der zweiten Hälfte des 15. Jahrhunderts kam es zwischen dem Rat der Stadt und der Bürgergemeinde zu immer schärferen Spannungen, die ihre Ursache in der eigenmächtigen und eigensüchtigen Verwaltung der städtischen Angelegenheiten durch den Rat hatten. Daher wandten sich Rat und Gemeinde an den Landesherren, Kurfürst Friedrich III. den Weisen (1463-1525), mit der Bitte, ihren Streit zu schlichten. Der Kurfürst begab sich mit seinem mitregierenden Bruder Herzog Johann (1468-1532) nach Gotha, um die beschwerdeführenden Parteien anzuhören und sie zur Ordnung zu bringen. Nach Beratungen mit den Räten der Fürsten über die Gothaer Vorgänge wurde der »Torgauer Schied« vom 20. April 1488 mit einem Elf-Punkte-Katalog fixiert und sowohl dem Rat als auch den Vertretern der Gemeinde zugestellt. Darin wurden »Viermänner« zur Kontrolle des Rates bestellt, die künftig von der Bürgerschaft gewählt und vom Kurfürsten bestätigt werden sollten. Die Durchsetzung des Torgauer Schieds führte aber zu Schwierigkeiten, weil »etliche us vorgehabtem grame und unverloschenen Neide und Gezengke« an ihren alten Gewohnheiten festzuhalten versuchten. So waren die Landesherren gezwungen, am 22. November 1489 ihren Schied erneut zu bekräftigen, wobei sie feststellten, daß »die newe gemachte ufrure [Aufruhr] und was sich darunter mit worten und werken verlaufen hat«, als beigelegt gelten sollte, aber künftige Widersetzlichkeiten und Verstöße »ohn alle Gnade und unverschont an Leib und Gut auf ernstlichste« bestraft würden. Doch noch fast ein halbes Jahrhundert später wußte der Gothaer Reformator Myconius in seiner »Geschichte der Reformation« über eine schlechte Stadtverwaltung zu berichten, wie er sie teilweise in den ersten Jahren seiner Gothaer Zeit erlebt hatte.

Myconius und die Reformationszeit

Als der aus Lichtenfels am Main stammende ehemalige Franziskanermönch Friedrich Myconius (1490-1546) Mitte August 1524 seine neue Pfarrstelle als lutherischer Prediger in Gotha antrat, hatte es kurz zuvor zweimal Aufruhr gegeben. Da waren am Dienstag nach Pfingsten 40 bis 50 bewaffnete Gothaer Bürger in das Nachbardorf Bufleben gezogen, wo »wider der Stadt Freiheit fremd Bier zu schenken ufgelegt ward«, hatten die Schenke gestürmt und zwei Faß Bier beschlagnahmt, die sie nach Gotha gebracht und hier ausgetrunken hatten. Anschließend waren die Männer zum Sturm auf die Stiftsherren bei St. Marien am Berge losgezogen, hatten in deren Häusern Einrichtungen zerschlagen und die Frauen, die mit den Chorherren offen im Konkubinat lebten, ins Ratsgefängnis geschleppt, während der Rat der Stadt dem tatenlos zusah. Allein der gelehrte Mutianus Rufus blieb verschont, weil er als geistige Autorität und als ein Mann mit ordentlichem Lebenswandel geachtet war. Erst als der Kurfürst und sein Bruder von diesen Gewalttaten erfuhren, wurde eine große Geldstrafe über die Stadt verhängt. »Aber Herr dietrich Tunckel schlug sich in diese Sache« und erreichte, »daß man den Pfaffen 300 Gulden für allen Schaden gab«, berichtete später Myconius darüber. Daß dieser Pfaffensturm auch sein Gutes hatte, zeigte sich darin, daß nun das Predigtamt in der Stadt »recht und stattlich bestellet« wurde. Auch durften die Chorherren und andere Leute keine Dirnen mehr bei sich haben.

Wenn auch im nächsten Jahr die Stadt während des Bauernkrieges äußerlich ruhig blieb, zumal Herzog Johann von Sachsen Mitte Mai 1525 sich hier, von Eisenach kommend, mit 800 Reitern und zahlreichem Fußvolk kurz aufhielt, bevor er nach Langensalza weiterzog und so die Bürger einschüchterte, gab es doch einige stille Aktivitäten. Da

beriet der für 1524 als Bürgermeister bezeugte Hans
Reichenbach aufständische Bauern aus der Umgebung und
schrieb Briefe für sie. Auch Ohrdrufer Bürger haben sich
an ihn gewandt, und in Gothaer Ratssitzungen hat er die
Verweigerung des Stadtzolls gefordert. Die Viermänner aus
der Bürgergemeinde berieten sich mit zwölf anderen Män-
nern ihres Vertrauens über die Nöte und Sorgen der kleinen Handwerker, und auch hier formulierte Hans
Reichenbach deren Forderungen für die Vorlage an den
Rat und die Landesherren. In diesen vier Artikeln wurden
die Abschaffung des Zehntpfennigs und des Warenzolls,
die Abnahme des Zollschildes und der Abzug des Büchsen-
meisters vom Schloß in die Stadt gefordert, der zur Wache
gegen heranziehende aufständische Bauern eingesetzt worden war. Außerdem sollten die Augustiner-Chorherren am
Berge ihr Privileg der Steuerfreiheit aufgeben und wie andere Bürger leben, was später bei der Auflösung der Klö-
ster erfolgt ist. Wegen ihres »Wohlverhaltens« während des
Bauernkrieges blieb Gotha von Strafgeldern, wie sie andere
thüringische Städte zahlen mußten, verschont.

Mit Friedrich Myconius war eine außergewöhnliche Persönlichkeit in die Stadt gekommen. Unter schwierigen
Umständen hat er hier das Kirchen- und Schulwesen refor-
miert und dabei Pfarrern und Lehrern nach Möglichkeit zu
festen und besseren Besoldungen verholfen. Das trifft auch
für die drei thüringischen Visitationen in den Jahren 1526
bis 1529 zu, die Myconius meist mit anderen Reformato-
ren, zeitweilig auch mit Philipp Melanchthon aus Wittenberg durchführte. Mit ihm verband ihn ebenso wie mit
Martin Luther eine gute Freundschaft, wie der Briefwechsel dieser Männer bezeugt. Auch zu anderen Aufgaben
wurde Myconius herangezogen. So mußte er dreimal mit
dem jungen Prinzen Johann Friedrich an den Niederrhein
reisen, wo er als Hofprediger in Düsseldorf und Kleve predigte und mit Kölner Franziskanermönchen öffentlich
über Glaubensfragen erfolgreich disputierte. Dazu kam
später seine Teilnahme am Schmalkaldischen Tag der protestantischen Fürsten und Reichsstädte Anfang 1537.

(3) *Friedrich Myconius (1490–1546). Holzschnitt nach Lucas Cranach, 1562.*

Als verantwortlicher Theologe mußte er im Frühjahr 1538 mit zwei Wittenberger Räten im Auftrag des sächsischen Kurfürsten an den Hof König Heinrichs VIII. von England reisen. Hier predigte er in London und Umgebung; aber die zähen, letztlich erfolglosen Verhandlungen mit dem König und dessen Bischöfen über Glaubensformeln sowie das naßkalte Herbstwetter, bei dem Myconius erkrankte, führten im Oktober zur Abreise der Wittenberger Delegation. Andere Reisen zur Vorbereitung von Religionsgesprächen haben den Gothaer Reformator nach Marburg, Frankfurt am Main, Speyer und Hagenau im Elsaß geführt. Dabei machten ihm die Erkrankungen seiner Bronchien und Lunge oft zu schaffen. 1539 wurde er nach Leipzig berufen, um dort im Auftrag Herzog Heinrichs von Sachsen, dessen streng katholischer Bruder Georg der Bärtige kurz zuvor verstorben war, die Reformation einzuführen. Seine letzten Lebensjahre waren in zunehmendem Maße von seiner Krankheit überschattet, so daß er 1541/42 seine autobiographische »Geschichte der Reformation«, einen Erlebnisbericht, z. T. vom Krankenbett aus diktiert hat. Ein letzter Höhepunkt seines reformatorischen Wirkens war die Leitung eines thüringischen Pfarrkonvents in Gotha mit 110 Teilnehmern.

Als am 31. Oktober 1545 eine Brandkatastrophe die halbe Stadt eingeäschert und viele Einwohner ins Elend gestürzt hatte, schrieb Myconius zahlreiche Bittbriefe an seinen großen Bekanntenkreis, um den abgebrannten Gothaern zu helfen. Einer der erschütterndsten Briefe ist uns vom 17. Januar 1546 überliefert, in dem er dem kurfürstlichen Rat Caspar von Teutleben und dem Leibarzt Matthäus Ratzenberger das Elend seiner Pfarrkinder schildert, wie »viele mit bitterlichem Weinen und Heulen angesucht, auch auf diesem meinem Krankenbett, ihnen Rat mitzuteilen und sie zu trösten«. Wenige Wochen später, am 7. April 1546, erlöste der Tod den erst 55jährigen Gothaer Reformator von seiner Krankheit und von seinen Sorgen um die Gemeinde.

Die protestantischen Fürsten und Reichsstädte hatten sich am 27. Februar 1531 im Schmalkaldischen Bund zur Erhaltung ihres Glaubensbekenntnisses zusammengeschlossen. Schon fünf Jahre zuvor hatten Kurfürst Johann der Beständige und Landgraf Philipp von Hessen in Gotha eine Defensivallianz geschlossen, um sich gegen einen konfessionell motivierten Angriff des Kaisers oder katholischer

Fürsten zu schützen. Wegen des gespannten Verhältnisses der Protestanten zum Kaiser begann Johann der Beständige noch vor seinem Tode (1532), die Gothaer Feste Grimmenstein auszubauen. Dazu mußte 1530 sogar die Marienkirche am Berge abgebrochen werden. Bis zur Fertigstellung der Befestigung im Jahre 1541 beliefen sich die Baukosten auf rund 150 000 Gulden. Als es schließlich doch zur militärischen Auseinandersetzung zwischen Kaiser Karl V. und den protestantischen Fürsten kam, fiel die Entscheidung aber nicht in Thüringen, sondern am 26. April 1547 bei Mühlberg an der Elbe. Dabei mußte Kurfürst Johann Friedrich I. von Sachsen in kaiserliche Gefangenschaft gehen und die Kurwürde an seinen Vetter Moritz von Sachsen abgeben. Stadt und Festung in Gotha wurden mit vier großen Breschen in die Stadtmauern und weiteren Breschen in die Wälle der Festung geschleift. Als aber Herzog Johann Friedrich I. im September 1552 aus der Gefangenschaft zurückkehrte, ließ er die Gothaer Festung wieder ausbauen – die Erlaubnis dazu hatte er vom Kaiser mit seiner Wiedereinsetzung in sein Herzogtum erhalten. Noch vor seinem Tod am 3. März 1554 war der Grimmenstein wieder gesichert.

Die Grumbachschen Händel 1564-67 und ihre Folgen

Der mainfränkische Ritter Wilhelm von Grumbach (1503-67) war mit dem Würzburger Bischof Melchior von Zobel um den rechtmäßigen Besitz des Waldes Gramschatz (oder von Teilen davon) in Streit geraten. Bei dem Versuch, den Bischof in seine Gewalt zu bringen und ihn zur Freigabe seines Waldbesitzes zu zwingen, wurde der Bischof von Grumbachs Helfern erschossen. Der Ritter floh 1558 nach Coburg, wo ihn Herzog Johann Friedrich II., der Mittlere, zum Rat ernannte und in seine Dienste stellte. Grumbach versprach dem Herzog seine politische und militärische Unterstützung für die Rückgewinnung von dessen Kurwürde, wenn ihm der Herzog als Reichsfürst beim Kaiser helfen würde, seinen Besitzanspruch auf den Gramschatz durchzusetzen. Da der Herzog nun glaubte, einem zu Unrecht Verfolgten helfen zu müssen, lieferte er Grumbach und seine Komplizen auch dann nicht aus, als diese am 6. November 1563 in die Reichsacht erklärt worden waren, weil der Ritter am 4. Oktober den neugewählten Würzburger Bischof mit einer militärischen Drohung zur Unter-

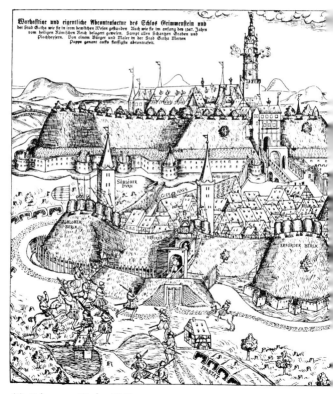

(4) *Belagerung Gothas 1567.*

schrift unter den Herausgabevertrag gezwungen hatte. Der Herzog verlegte nun seine Residenz von Weimar in die Gothaer Feste Grimmenstein und nahm auch Grumbach und dessen Leute auf, weil er sich hier sicher fühlte.

Trotz aller Warnungen seines Gesandten in Wien und seiner Räte sowie gegen die Bitten seines Bruders Johann Wilhelm, der Landesuniversität Jena und mehrerer Fürsten

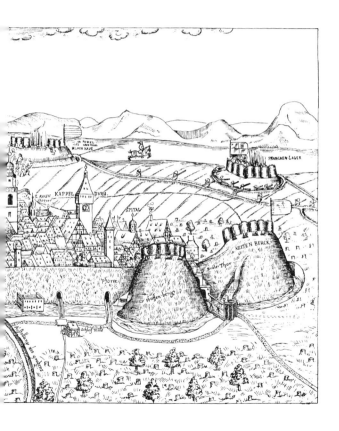

beharrte der verblendete Herzog auf seiner Haltung, Grumbach unterstützen und schützen zu müssen. Daher wurde schließlich am 12. Dezember 1566 auch der Herzog in die Reichsacht erklärt. Sein erbittertster Feind, Kurfürst August von Sachsen, wurde als Oberster des sächsischen Reichskreises mit der Vollstreckung der Acht vom Kaiser beauftragt und erschien mit einem Exekutionsheer vor der Stadt, wo von einem kaiserlichen und einem kurfürstlichen Herold die kaiserlichen Beschlüsse verkündet wurden. Gotha und der Grimmenstein wurden nun mit einem engen Belagerungsring eingeschlossen. Die Zerstörungen durch Artilleriebeschuß in der Stadt, Krankheiten durch Lebensmittelmangel und die Zerstörung der Vorstädte mit ihren Mühlen und Vorwerken führten zur Unzufriedenheit unter den Einwohnern und dem Kriegsvolk und unter der Festungsbesatzung. Als aber Ende März, vor und nach Ostern 1567 die Verhandlungen der Vertreter des Stadtrates und der Söldner in der Stadt mit dem Herzog über eine Auslieferung Grumbachs und seiner Komplizen ergebnislos blieben, stürmten Soldaten aus der Stadt in die Festung und nahmen zuerst den Festungskommandanten Oberst von Brandenstein, dann den Kanzler des Herzogs, Dr. Brück (einen Schwiegersohn des bekannten Malers Lucas Cranach), fest und holten Grumbach und seinen Anhang aus ihren Verstecken. Sie wurden in das Rathaus am unteren Hauptmarkt gebracht und streng bewacht. Erst am 5. April konnte die Auslieferung der Geächteten mit Zustimmung des Herzogs angeboten und ein Waffenstillstand vereinbart werden. Da der sächsische Kurfürst nicht anwesend war, gingen die Vorbereitungen zur Erstürmung von Stadt und Festung weiter, bis am 11. April eine Antwort und am 13. April die Kapitulation nach den vom Kurfürsten verlangten Bedingungen erfolgte.

Herzog Johann Friedrich wurde als kaiserlicher Gefangener durch die Stadt geführt und von hier aus erst nach Dresden, dann nach Wien und Wiener Neustadt gebracht. Am 14. April hielten Kurfürst August und Herzog Johann Wilhelm aus Weimar ihren Einzug in Gotha und ver-

hörten Grumbach unter der Folter, die übrigen Gefange-
nen wurden an den folgenden Tagen vernommen. Am
18. April 1567 wurden die Geächteten und ihre Helfer auf
dem oberen Hauptmarkt grausam hingerichtet. Im August
wurde der Grimmenstein gesprengt und völlig vernichtet;
beim Sprengen der Festungswälle sollen 600 Menschen den
Tod gefunden haben. Während die Bürger der Stadt ihre
Schäden aus der Belagerung mit 65 285 Gulden angaben,
wies der Rat der Stadt eine Schadenssumme von mehr als
110 000 Gulden nach. Von der anderen Seite wurden die
Belagerungskosten mit 985 641 Gulden angegeben. Die
Stadt und ihr Rat wurden später wiederholt des Verrats an
ihrem Landesherren bezichtigt, so daß sie sich vom Kaiser
noch 1570 eine Bestätigung ihres Wohlverhaltens erwirken
mußten.

Aber auch Kurfürst August von Sachsen wurde mit
Schmählidern bedacht, weil er seinen Rivalen auf die sächsische Kurwürde beseitigt hatte; der geächtete Herzog starb
schließlich 1596 in der Gefangenschaft. Unter den damaligen Satiren auf Kurfürst August war die bedeutendste »Die
Nachtigall«, die G. E. Lessing 1773 in seinen »Beiträgen zur
Geschichte und Litteratur« erneut veröffentlicht hat.

Gotha hatte an den Folgen der Grumbachschen Händel
noch lange zu tragen, zumal auch der Rückgang des ertrag-
reichen Waidhandels begann. 1592 gestattete daher ein
»Landgebrechensabschied«, eine Art Notverordnung, allge-
mein auch den Dörfern im Gothaer Land den Handel mit
Waid. Trotz allem ließ der Rat der Stadt auf dem unteren
Hauptmarkt 156/157 das heutige stattliche Rathaus als
Kaufhaus erbauen. Als aber die Stadt den Landesherrn um
einen Abgabenerlaß bat, weil die allgemeine Not so groß
war, wurde ihr das rundweg abgeschlagen.

Gotha wird herzogliche Residenzstadt

Mit der Altenburger Teilung der drei ernestinischen Fürsten Wilhelm, Albrecht und Ernst von Sachsen-Weimar am 13. Februar 1640 erhielt Prinz Ernst das neue Herzogtum Sachsen-Gotha. Nach dem frühen Tod seines Bruders Albrecht Ende 1644 erhielt er dazu vom Herzogtum Eisenach den südthüringischen Anteil im Werratal. Herzog Ernst I. von Sachsen-Gotha (1601-74) zog nach einem vorübergehenden Aufenthalt auf Schloß Tenneberg bei Waltershausen am 24. Oktober 1640 in Gotha ein, wo er im Rathaus mit seiner Familie und den Räten residierte, bis er im September 1646 in das neue Schloß Friedenstein einziehen konnte. Das Schloß auf dem Burgberg des einstigen Grimmensteins war von 1643 bis 1654 als das größte Schloß in Thüringen mit einem Kostenaufwand von 65 800 Gulden gebaut worden und diente als Vorbild für spätere Schloßbauten in Weimar, Jena, Weißenfels und Zeitz.

Der Herzog verstand sich in der lutherischen Tradition seiner Vorfahren und wurde wegen seiner vom christlichen Glauben motivierten Lebensführung und Regierung schon zu Lebzeiten von Spöttern »Bet-Ernst« genannt – in die Geschichte ist er als Ernst der Fromme eingegangen. Er war hochgebildet und hatte in der Verwaltung der weimarischen Territorien für seine im Kriege stehenden Brüder, des Herzogtums Franken für seinen Bruder Bernhard von Weimar († 1638) und der Pflege Coburg, schon vor seinem Regierungsantritt in Gotha Erfahrungen gesammelt. Er hat es dann gut verstanden, gelehrte und erfahrene Räte zu gewinnen, mit denen er das im Dreißigjährigen Krieg geschundene Land erfolgreich aufbauen und regieren konnte. Mit zahlreichen Verordnungen für fast alle Lebensbereiche, in einer »Landes-Ordnung« revidiert, zusammengefaßt und 1667 veröffentlicht, wurden die gesetzlichen Grundlagen dafür gelegt. Mit dem Pädagogen Andreas Reyher (1601-73) wurde das gesamte Schulwesen auf eine neue Grundlage gestellt und dazu die allgemeine Schulpflicht eingeführt. So ist der Gothaer »Schulmetho-

(5) *Herzog Ernst I. (der Fromme) von Sachsen-Gotha (1601 – 74).*

dus« von 1642 als ein damals vorbildliches Unterrichtsmittel, im Geist von Jan Comenius und Wolfgang Ratke von Reyher verfaßt, in die deutsche Schulgeschichte eingegangen. Schon als Page vom Herzog gefördert, war der spätere Rat und Kanzler Veit Ludwig von Seckendorff (1626-92) eine staatsmännisch begabte Persönlichkeit von hohem

(6) *Altes Rathaus vor 1665.*

Rang; sein »Teutscher Fürstenstaat« spiegelte die Verhältnisse im Staate Herzog Ernsts des Frommen wider und war
noch im 18. Jahrhundert mit mehreren Auflagen ein Lehr-
buch für Juristen und Kameralisten. Da Gotha im 17. Jahrhundert dreimal von schweren Brandkatastrophen (1632,
1646, 1665) heimgesucht worden war, erließ Herzog Ernst

mit einer Feuerordnung für die Brandbekämpfung neue Bauvorschriften mit vorbeugenden Maßnahmen, nach denen anstelle der hölzernen Schindeln feuerfeste Ziegel für die Dachbedeckung zu verwenden waren. Auch das äußere Stadtbild ist besonders nach dem großen Brand von 1665 neugeprägt worden, was heute noch besonders am

Hauptmarkt zu sehen ist, wo die Häuser hohe Brandmauern haben und an ihren Fassaden oft noch die alten Hausmarken zeigen.

Für die heute zum Teil weltweit bekannten Kunst- und wissenschaftlichen Sammlungen im Schloß Friedenstein legte der Herzog den Grundstock, zuerst im August 1647 mit der Einrichtung einer Bibliothek, die auch Fremden bald zugänglich war. Auch der Musik, besonders der Kirchenmusik, stand er aufgeschlossen gegenüber. So ist seit 1651 eine Hofkapelle mit 12 Musikern und 6 »Vokalisten« (Sängern) bezeugt, die bis 1671 unter der Leitung des Hofkapellmeisters Wolfgang Carl Briegel (1626-1712) stand, dessen zahlreiche Kompositionen den Stilwandel von Heinrich Schütz zu Johann Sebastian Bach erkennen lassen und der auch der Musiklehrer der Gothaer Prinzen und Prinzessinnen war.

Durch weitere Erbfälle wuchs das Gothaer Herzogtum, zuletzt 1672 mit dem Altenburger Land, unter Ernst dem Frommen zum größten Fürstentum in Thüringen (mit etwa 6330 qkm). Die durch den Dreißigjährigen Krieg, Epidemien und Brände geschwächte Residenzstadt wuchs von etwa 3500 Einwohnern am Ende des Krieges wieder auf rund 5000 Einwohner um 1670 und war damit zweitgrößte Stadt in Thüringen überhaupt.

Gotha im Zeitalter des Barock

Die sieben Söhne Herzog Ernsts des Frommen haben entgegen den Empfehlungen ihres Vaters das Erbe aufgeteilt, so daß von 1680 an sechs neue, kaum lebensfähige ernestinische Fürstentümer entstanden sind, von denen Sachsen-Gotha mit dem Altenburger Landesteil unter dem ältesten Herzog, Friedrich I. von Sachsen-Gotha-Altenburg (1646-91), noch das größte Territorium war. 1685 führte dieser Herzog die Primogenitur ein, um weitere Teilungen zu verhindern. Er ließ die baufällig gewordene Augustinerkiche erneuern und in Friedrichswerth anstelle eines alten

Schlosses der Herren von Erffa ein neues, nach ihm benanntes Lustschloß mit Park und Alleen nach französischem Vorbild erbauen, wie er es als Prinz auf seiner großen Bildungsreise kennengelernt hatte. In Gotha ließ er am Schloß Friedenstein den 1678 abgebrannten Ostturm Mitte der achtziger Jahre neu aufbauen und das Dach mit einer Kuppelkonstruktion aufsetzen, so daß seitdem die Türme des Schlosses ungleiche Dächer haben. Später wurden auch das Innere der Schloßkirche sowie der Thronsaal und verschiedene andere Räume im Schloß umgestaltet. Das Ballhaus im Westturm wurde zum Hoftheater (heute Ekhof-Theater) für Oper und Schauspiel umgebaut und am 22. April 1683 mit der etwas frivolen Aufführung der Barockoper »Die geraubte Prosperpina« glanzvoll eröffnet – eine lange Theatertradition war damit in Gotha begründet worden.

Unter dem Enkel Ernsts des Frommen, Herzog Friedrich II. (1676-1732), der seinem Großvater ein prächtiges Epitaph in der Margarethenkirche errichten ließ, wurde Gotha noch mehr zur barocken Residenzstadt, so durch den großen Garten östlich des Friedensteins mit der heutigen Orangerie, dem Schloß Friedrichsthal (1711/12), dem Hospital Mariae Magdalenae im Brühl, der späteren Innungshalle am Hauptmarkt, dem Waisenhaus in der Erfurter Straße, dem Palais Westernhagen und dem Haus zum Fürstenhut am Schloßberg sowie der kleinen Friedrichskirche am Erfurter Landberg. Mit seiner absolutistischen Kabinettsregierung, in der er von seinem Geheimen Ratsdirektor und Kanzler Joh. Fr. Bachoff von Echt (1643-1726) nachhaltig unterstützt wurde, hatte er es um 1700 in seiner Außenpolitik, hinter der zeitweilig ein Heer von 10 000 Mann stand, bis zu einem geheimen Bündnis mit Frankreich gebracht, das er aber nach dessen Entdeckung aufgeben mußte. Immerhin hielt er dann noch 2-3000 Mann unter Waffen, die er zum Teil vermietete. Den barocken

RESI-DENTZ FRIEDEN STA DT GOTHA.

SEUTTER Ihro Röm Kaiserl. Maj.

STEIN

o GR in AUGSP.

Cum Gratia et Privil. S. R. I. Vicariatus, in partibus Rheni, Sveviae, et Juris Franconici.

Fürsten zeichnete auch sein großes Interesse an Literatur, im Katalog seiner privaten »Bibliotheca selecta« um 1715 nachweisbar, sowie an Kunst und Wissenschaft aus, das der vielfältigen Vermehrung der Gothaer Sammlungen für Wissenschaft und Kunst zugute kam. Auch das Hoftheater, in dem häufig zeitgenössische Opern aufgeführt wurden, und die Hofkapelle, die 1697 unter der Leitung des Kirchenmusikers Christian Friedrich Witt (1660-1716) durch eine »Hautboisten-Bande« (Bläsergruppe) verstärkt wurde und von 1719 bis 1749 unter dem weitgereisten und vielseitigen Komponisten Gottfried Heinrich Stölzel (1690-1749) stand, erhielten Friedrichs herzogliche Förderung. Stölzel wurde von J. S. Bach sehr geschätzt und 1739 in Mizlers neugegründete »Societät für musikalische Wissenschaften« in Leipzig berufen; seine Kompositionen reichten von einigen Opern über viele geistliche Kantaten bis zu den zahlreichen Tafelmusiken und sind heute kaum noch übersehbar.

Dagegen stand Herzog Friedrich III. (1699-1772) ganz im Schatten seiner hochgebildeten, um 10 Jahre jüngeren Gattin Luise Dorothea (1710-67), einer Prinzessin von Sachsen-Meiningen. Sie war erst von der rationalistischen Gedankenwelt des Halleschen Philosophen Christian Wolff (1679-1754) erfaßt worden, dann hat sie sich der französischen Aufklärung zugewandt, mit deren namhaftesten Vertretern sie zum Teil im Briefwechsel stand. Zu ihren geistvollen Verehrern gehörte auch Voltaire, der sich nach seinem Weggang aus Berlin und Potsdam im April/Mai 1753 als gern gesehener Gast der Herzogin auf Schloß Friedenstein aufgehalten hat. Noch bis 1766 blieb sie mit ihm im Briefwechsel.

Auch die Oberhofmeisterin der Herzogin, Juliane Franziska von Buchwald (1707-89), von Voltaire achtungsvoll »la grande maîtresse de Gotha« genannt, war eine Verehrerin französischer Kultur und trug zur geistvollen Atmosphäre am Gothaer Hof bei. Ein großer Verehrer der Gothaer Herzogin war auch König Friedrich II. von Preußen, der »Alte Fritz«, der sie während des Siebenjährigen Krieges zweimal besuchte und mit ihr korrespondiert hat.

Der Siebenjährige Krieg (1756-63) hatte nicht nur die Fertigstellung der Orangeriegebäude zwischen den beiden Schlössern verzögert, sondern auch mit seinen Einquartierungen, Kontributionen und Durchmärschen der französischen und der Reichstruppen viel Not über das Gothaer Land gebracht, so als sich hier Marschall Soubise im Herbst 1761 mehrere Tage aufhielt und im Winter 1761/62 französische Truppen im Quartier lagen. Die allgemeine Not hatte schon früher zu einem Anwachsen des Bettelwesens geführt, das mit Dragonerpatrouillen und Ausweisungen, mit wiederholten und verschärften Verordnungen sowie mit dem Bau eines Armen- und Arbeitshauses (1756) eingeschränkt werden sollte. Diese und andere, zum Teil erneuerte Verordnungen sind 1738 in den »Ferneren« und 1781 in den »Neuen Beyfugen« zur Landesordnung von 1695 erschienen. Am 13. Juli 1771 war die allgemeine Hungersnot in der Residenzstadt so groß, daß es zu einem Tumult der armen Bevölkerung kam, die die Wucherpreise für Brot nicht mehr bezahlen konnte. Daraufhin wurden Getreide aus den staatlichen Vorräten und Brot zu ermäßigten Preisen verkauft. Im Frühjahr folgte eine weitere Teuerung bei Lebensmitteln, so daß der junge Herzog Ernst II. (1745-1804), der gerade die Nachfolge seines am 10. März 1772 verstorbenen Vaters angetreten hatte, einen Volksauflauf durch den Einsatz von Militär unblutig unterdrücken ließ. Auch er ließ wieder Getreide aus den herzoglichen Speichern verkaufen und zusätzlich aus Mecklenburg einführen. Dazu mußte sich aber der Stadtrat mit einem Kredit von über 1000 Reichstalern verschulden.

Noch in die letzten Jahre Herzog Friedrichs III. fiel die Anlage des Gothaer Parks im Süden des Schlosses Friedenstein (1768). Dieser älteste Park Thüringens im englischen Landschaftsstil wurde von dem englischen Gärtner Haberfield gestaltet, der vermutlich aus der Gärtnerfamilie Haverfield beim Park von Kew bei London stammt.

Wissenschaft und Kunst unter Ernst II.

Unter Herzog Ernst II. von Sachsen-Gotha-Altenburg wurde die Residenzstadt Gotha, vor allem ihr Schloß, zu einem Mittelpunkt für Künste und Wissenschaften wie keine zweite in Thüringen. Für seine große Privatbibliothek sammelte der Herzog, der der ersten Phase der Französischen Revolution 1789/90 noch positiv gegenüber stand, Pariser Originalliteratur, wie sie heute noch in der Forschungs- und Landesbibliothek erhalten geblieben ist. Als forschender Astronom, Mathematiker und Physiker ließ er 1789/91 eine Sternwarte auf dem nahen Seeberg bauen und berief den aus Ungarn stammenden Ingenieuroffizier Franz Xaver von Zach (1754-1832) zu deren ersten Direktor, der hier den ersten internationalen Astronomenkongreß im August 1798 organisierte. Die Herausgabe der »Monatlichen Korrespondenz zur Beförderung der Erd- und Himmelskunde« (seit 1800) in Gotha trug viel dazu bei, daß diese Sternwarte bis weit in das 19. Jahrhundert hinein europäischen Ruf genoß. Alexander von Humboldt, Goethe, Gauß und sein Schüler Encke, der einige Jahre später Direktor der Gothaer Sternwarte war, sowie Bernhard von Lindenau waren hier zu Gast. Von den leitenden Staatsbeamten am Gothaer Hof sind K. E. A. von Hoff (1771-1837) als einer der Begründer der modernen Geologie und Fr. von Schlotheim (1764-1832) als der Begründer der Paläontologie in die Geschichte der Naturwissenschaften eingegangen. Der Legationsrat und Physiker Ludwig Christian Lichtenberg (1737-1812) hat zusammen mit dem Gothaer Mathematikprofessor Fr. Chr. Kries (1768-1849) neun Bände der »Vermischten Schriften« seines jüngeren und berühmteren Göttinger Bruders Georg Chr. Lichtenberg herausgegeben (1800-06). Auf andere Weise berühmt geworden ist der Historiker und Geograph J. G. A. Galletti (1750-1828), Sohn eines Sängerehepaares am Gothaer Hoftheater, der durch seine immer wieder aufgelegten »Kathederblüten« nicht nur seine Schüler, sondern bis in unsere Tage die Freunde kauzigen Humors erheiterte. So lassen sich für die Jahrzehnte zwischen 1770 und 1820 an die zwanzig namhafte Wissenschaftler nachweisen, die damals am Gothaer Hof, in der Schloßbibliothek – hier der gelehrte Altphilologe und vielseitige Schriftsteller Friedrich Jacobs (1764-1847) – und am Gymnasium arbeiteten und als Mitglieder von wissenschaftlichen Akademien und gelehrten Gesellschaften weit über die Residenzstadt hinaus bekannt und beliebt waren.

Auch als Förderer der Künste und Künstler ist Herzog Ernst II. in die Gothaer Geschichte eingegangen. Mit seiner finanziellen Unterstützung konnten sich sein späterer Hofbildhauer und Kustos Fr. W. Doell (1750-1816), Schüler des Pariser Bildhauers J. A. Houdon, und der als »Goethe-Tischbein« bekannte Maler Joh. H. W. Tischbein (1751-1828) in Rom weiterbilden. Am Hoftheater wirkten als Hofkapellmeister Georg Benda (1721-1795) u.a. mit erfolgreichen Singspielen, für die der Gothaer Jurist und Dichter Fr. W. Gotter die Texte geschrieben hat, und sein Nachfolger Anton Schweitzer (1735-87), bekannt durch eine der ersten deutschsprachigen Opern »Alceste« mit dem Text von Chr. M. Wieland. Der Stern am Gothaer Hoftheater war der Schauspieler und Theaterdirektor Conrad Ekhof (1720-78), der schon zu Lebzeiten als »Vater der deutschen Schauspielkunst« verehrt worden ist und die Schauspielausbildung bis ins 20. Jahrhundert beeinflußt hat (M. Reinhard, A. Stanislawski). Von dem 1774 abgebrannten Weimarer Schloß herübergekommen, spielten hier Ekhof und seine Schauspielertruppe als ständiges Theater bis zu seinem Tode 1778 im Westturm des Schlosses Friedenstein, wo die Bühnentechnik des 18. Jahrhunderts heute noch funktionstüchtig ist.

Im 18. Jahrhundert stagnierte die wirtschaftliche Entwicklung Gothas, auch die Einwohnerzahl von 11 500 veränderte sich von 1750 bis 1815 nur wenig. Neue Akzente brachten die Gründung der ersten Porzellanmanufaktur in Thüringen (1757) durch den damaligen Oberhofmeister Baron W. Th. von Rotberg (1718-95) und die Entwicklung des Buchverlagswesens. Das später hier erzeugte Zier- und

(8) *Conrad Ekhof (1720 – 78).*

Gebrauchsporzellan erreichte eine hohe Qualität und ist auch in fürstlichen Sammlungen außerhalb Gothas vertreten.

Bei den Verlagen war die alteingesessene Reyhersche Hofbuchdruckerei, seit 1643 mit dem Privileg für amtliche Drucksachen und Schulbücher versehen, lange Zeit konkurrenzlos. In der zweiten Hälfte des 18. Jahrhunderts entwickelte sich das Gothaer Verlagswesen, das seit 1774 mit dem Namen des Buchhändlers C. W. Ettinger (1738-1804) verbunden ist, dem 1784 R. Z. Becker und 1785 Justus Perthes als erfolgreiche Verlagsbuchhändler folgten, die mit ihren Büchern weit über Gotha hinaus bekannt wurden. Bei Ettinger erschienen der Theater-Almanach und der Hofkalender, den dann Perthes übernahm, aber auch die erste Gesamtausgabe der Werke Voltaires mit 71 Bänden, Goethes »Römisches Carneval« (1789) und »Versuch, die Metamorphose der Pflanzen zu erklären« (1790), bei Justus Perthes der Gothasche Hof-Kalender mit der französischen Ausgabe »Almanac de Gotha«. Die »Gothaer Genealogischen Taschenbücher« für den Adel im deutschen Sprachgebiet, die bis 1942 hier in Gotha erschienen, sind als »Der Gotha« gewissermaßen zu einem Markenzeichen dieser Stadt geworden.

Der Verleger und Publizist Rudolph Zacharias Becker (1752-1822) war ein herausragender Vertreter der deutschen Spätaufklärung, die er mit seiner »National-Zeitung der Deutschen«, später »Allgemeiner Anzeiger der Deutschen«, und seinem weitverbreiteten, von ihm verfaßten »Noth- und Hülfs-Büchlein für Bauersleute« betrieb, zu dem noch sein »Mildheimisches Liederbuch« kam. Wie viele seiner Zeitgenossen stand auch er der Französischen Revolution vor der Jakobinerherrschaft als welthistorischem Ereignis zustimmend gegenüber.

Seit 1793 hatte Perthes einige geographische Werke, seit 1809 den ersten »Hand-Atlas« herausgebracht. Aber erst mit der Tätigkeit Adolf Stielers (1775-1836), Legationsrat am Gothaer Hof und Freizeitkartograph, begann der große Ruf des Verlages, leider erst nach dem Tod seines Gründers. Denn der Atlas, der bis 1928 den Namen des Initiators – »Stielers Hand-Atlas« – in der Welt verbreitete, erschien erst 1817-23 mit 50 handgestochenen Kartenblättern. Mit Justus Perthes jedoch nicht zu verwechseln ist der Verleger Friedrich Christoph Perthes (1772-1843), der Neffe des ersteren und erst seit 1822 Verlagsbuchhändler in Gotha, wohin er aus Hamburg gekommen war.

Gotha im 19. Jahrhundert

Während der Regierungszeit Herzog Augusts (1804-22), der ein Verehrer Napoleons war und wie andere deutsche Fürsten dessen Rheinbund 1806 beitrat, hatte die Bevölkerung seiner Residenzstadt schwere Kriegs- und Nachkriegsjahre durchzustehen. Nach einer Teuerung 1805 kamen die Jahre der Truppendurchzüge und Einquartierungen. Außerdem mußten immer wieder neue Soldaten gemustert oder angeworben werden. Denn bei den Feldzügen Napoleons – 1807 Belagerung des pommerschen Kolberg, 1809 in Tirol, 1811 in Spanien, im Winter 1812 in Litauen und 1813 in Danzig – erlitt das Gothaer Bataillon des Rheinbund-Regiments »Herzöge zu Sachsen« jedesmal schwere Verluste. Von April bis Oktober 1813 gab es ständige Einquartierungen französischer Truppen, denen im Frühjahr 1815 preußische und russische Truppendurchzüge folgten bis zum Zweiten Pariser Frieden. Napoleon ist in jenen Jahren wiederholt durch Gotha gekommen: Am 23. Juli 1807, als er vom Herzog auf dem Schloß empfangen wurde; im Oktober 1808 auf dem Weg zum Erfurter Fürstenkongreß, als er sich mit dem Kaiser von Österreich und dem Zaren von Rußland traf; am 14. Dezember 1812, als er mit den Resten seiner in Rußland geschlagenen Armee nach Paris zurückkehrte; schließlich am 15. April 1813, abermals in Richtung Osten unterwegs, und zuletzt nach der Schlacht bei Leipzig, als er sich zur Vorbereitung einer möglichen Schlacht vom 25. zum 26. Oktober im Gasthof »Zum Mohren« vor dem Erfurter Tor aufhielt.

In jenen Jahren wurde das mittelalterliche Bild Gothas verändert. Man trug die Stadtwälle und -mauern ab, füllte die Stadtgräben auf und legte unter Mitwirkung der Bevölkerung breite Alleen an – daher auch der Straßenname »Bürgeraue«, während die Auguststraße (jetzt Huttenstraße) beim Arnoldiplatz an den damaligen Herzog erinnerte. Dieser Straßenring ist heute noch die Verkehrsader um die Gothaer Altstadt. Herzog August war es auch, der sich für die Freilassung des Gothaer Verlegers und Publizisten R. Z. Becker einsetzte, der im November 1811 von französischer Gendarmerie wegen eines mißliebigen Zeitungsartikels verhaftet worden war. Als Napoleon am 15. April 1813 beim Siechenhof an der Erfurter Landstraße die Pferde wechselte, überreichte Beckers Frau ein Bittgesuch, daß zur Freilassung ihres Gatten führte.

In der Gothaer Musikgeschichte begann der Violinvirtuose und Komponist Louis Spohr (1784-1859) als junger Hofkapellmeister ein neues Kapitel. Seine Musikfeste von 1810 bis 1812 in Frankenhausen, Gotha und Erfurt waren bedeutende Ereignisse. Das Gothaer Musikfest ging auf die Initiative des hiesigen Kantors J. G. Schade (1756-1828) zurück und fand am 29. und 30. September 1812 in der Margarethenkirche statt. Dabei wirkten neben Sondershäuser und Rudolstädter Instrumentalsolisten auch Carl Maria von Weber als Pianist und Spohrs Frau Dorette als Harfensolistin mit; die musikalische Leitung lag bei Louis Spohr, der aber nach einigen Konzertreisen seine Gothaer Stellung aufgab. Sein Nachfolger wurde Andreas Romberg (1767-1821), ebenfalls ein Violinvirtuose und Komponist, der 1819 den ersten »Singverein« Gothas gegründet hat. Er war damit dem Beispiel der Berliner Singakademie Zelters gefolgt und begründete hier die bürgerliche Musikpflege mit Chorgesang. 1837 kam es zur Gründung der Gothaer »Liedertafel«, mit der sich 1875 Rombergs Singverein zusam-

(9) *Gotha im 19. Jahrhundert. Kolorierter Stich von William French nach einer Vorlage von R. (?) Waibezahl.* ▶

menschloß. Von der »Liedertafel« ging auch die Initiative zum ersten Gothaer Sängerfest (1839) und zum ersten Thüringer Sängerfest (1842) aus, dem am 14. Januar 1843 die Gründung des Thüringer Sängerbundes in der Gothaer »Limonadière« (einst Gasthaus am Ekhofplatz) folgte. Dieser Sängerbund veranstaltete eine Reihe großer Sängerfeste – 1845 auch in Gotha – und überwand auf seine Weise die Grenzen kleinstaatlicher Enge, bis 1847 diese Bewegung in Eisenach ihr Ende fand.

Unter den Coburgern

Inzwischen war am 11. Februar 1825 Herzog Friedrich IV. und mit ihm der letzte Gothaer Ernestiner unvermählt gestorben. Nach längeren Verhandlungen der anderen ernestinischen Fürsten kam es am 12. November 1826 zur Neuverteilung der Landesteile: Gotha fiel an Coburg, Altenburg wurde selbständiges Herzogtum. Während des 21monatigen Interregnums führte in Gotha ein Triumvirat langjähriger Regierungsmitglieder mit Bernhard von Lindenau an der Spitze die Verwaltung des Herzogtums weiter. Am 25. November 1826 zog der Coburger Fürst als Herzog Ernst I. von Sachsen-Coburg und Gotha (1784-1844) in die Residenzstadt Gotha ein und übernahm damit sein neues Herzogtum.

Die Zeit des Vormärz war in der Residenzstadt stark von der politischen und wirtschaftlichen Entwicklung geprägt. Im Wirtschaftsleben begann allmählich das Maschinenzeitalter, seitdem 1816 die Firma Jusatz Dampfmaschinen baute, die immer mehr zum Einsatz kamen. Auch verschiedene Fleischereien, deren »Gothaer Wurst« als Dauerware und Delikatesse weithin exportiert wurde, wurden mit der Anwendung von Fleischmaschinen zu »Wurstfabriken«. Zu den bisher üblichen Hausbrauereien kamen seit 1838 auch industrielle Brauereibetriebe.

Die herausragende Unternehmerpersönlichkeit war damals der weitblickende Kaufmann und Wirtschaftspolitiker Ernst Wilhelm Arnoldi (1778-1841). Ihm sind die

(10) *Ernst Wilhelm Arnoldi (1778–1841). Nach einem Lichtdruck von J. B. Obernetter, München.*

Gründung der ersten deutschen Feuerversicherungsbank (1820) und der ersten deutschen Lebensversicherungsbank (1827) als bleibende Leistungen zu verdanken; denn beide Versicherungsunternehmen bestehen heute noch europaweit mit ihren Zentralen in Köln und Göttingen. Arnoldi setzte sich für die Liberalisierung des Handels durch Beseitigung der kleinstaatlichen Zollschranken und mit Friedrich List für den Bau der thüringischen Eisenbahn über

Weimar-Erfurt-Gotha ein. Beide Wirtschaftspolitiker erlebten aber den Bau dieser Strecke (1846/47) nicht mehr. Der Unternehmer Arnoldi hatte 1804 eine Farbmühle, dann eine Steingutfabrik, 1836 eine Rübenzuckerfabrik und zwei Jahre später die nach ihm benannte Bierbrauerei gegründet. Zu seinen Initiativen gehören auch die Gründung des Gothaer Gewerbevereins (1822), der über ein Jahrhundert bestanden hat, und die erste thüringische Gewerbe-Ausstellung. Er war auch der Mitbegründer der ersten deutschen Berufsschule für kaufmännische Lehrlinge (1818) und des Realgymnasiums (1835), das ein modernes Schulgebäude mit Fachklassenräumen für den naturwissenschaftlichen Unterricht erhielt (1837/38). Auch der Bau des Gothaer Theaters 1838/39 war ihm zu verdanken. Damals war die Residenzstadt mit 14 000 Einwohnern immer noch die zweitgrößte Stadt Thüringens nach Erfurt.

In der politischen Entwicklung hat es 1832 und 1848/49 wichtige Ereignisse gegeben. Nach jahrelangen Verhandlungen und schließlich elfmonatigen Beratungen eines Entwurfs, der unter Mitwirkung des Stadtrates und eines Bürgerausschusses erarbeitet und vom Staatsministerium geprüft worden war, erhielt Gotha eine neue Verwaltungsordnung, die gegenüber der bisherigen, noch aus dem Mittelalter stammenden Ratsverfassung grundlegende Neuerungen brachte, darunter ein indirektes Wahlrecht der steuerpflichtigen Bürger für die Stadtverordnetenversammlung, die ihrerseits den Stadtrat, die Deputierten für den Landtag und die Schöffen für das Schwurgericht zu wählen hatte. Der Stadtrat bestand nun aus zwei Bürgermeistern und fünf Stadträten.

Im Jahr 1844 war der Coburger Herzog Ernst I. verstorben, und sein Sohn Ernst II. (1818-93) trat seine Nachfolge an. So kamen die Gothaer zu vier Herzögen gleichen Namens mit zweimal gleicher Zählung in der alten Gothaer und in der jüngeren Coburger Linie, was Unkundige oft verwechseln. Im Frühjahr 1847 kam es zu Forderungen nach einer Reform der Landesverfassung, die Gothaer Bürger in einer Petition an den Herzog formuliert hatten. Erst m Februar 1848 reagierte Ernst II. darauf, nachdem sein Staatsminister von Stein eine Verfassungsreform als dringlich befürwortet hatte.

Unter dem Einfluß der Pariser Februarrevolution stellten Gothaer Bürger ein Reformprogramm auf und erreichten als erstes die Aufhebung der Pressezensur. Diese Märzbewegung wurde von Versammlungen der Einwohner, vor allem der Handwerker unterstützt. Dabei trat der Verleger und Schriftsteller Ludwig Storch (1803-81), der sich schon 1831 mit einer Eingabe wegen der bestehenden Zensur an den Herzog gewandt hatte, als glänzender Volksredner auf. Als er später von der Polizei gesucht wurde, gelang ihm – noch rechtzeitig gewarnt – die Flucht aus der Residenzstadt. Später wurden die Stadtverordnetensitzungen öffentlich. Am 26. April 1848 wurde der Gothaer Verleger Friedrich Gottlieb Becker (1792-1865), ein Sohn Rudolf Zacharias Beckers, zum Abgeordneten in die Frankfurter Nationalversammlung gewählt.

Auf Grund einer Wahlordnung vom 19. März 1848 wurde durch gewählte Wahlmänner ein Landtag gewählt, der lediglich ein neues Wahlgesetz zu beraten hatte. Am 2. Oktober trat im Landschaftshaus am Schloßberg der neue Landtag mit 20 Abgeordneten, darunter fünf Bürgermeistern, zusammen, um vor allem einen Verfassungsentwurf für das Herzogtum Gotha zu beraten; außerdem wurden durch neue Gesetze alte lehnsrechtliche Privilegien und Vorschriften aufgehoben. Am 26. März 1849 wurde ein Staatsgrundgesetz für das Gothaer Land verkündet, auf das Herzog Ernst II. – nun nicht mehr »von Gottes Gnaden« – am 9. April vereidigt wurde. Der Protest der Agnaten, d. h. der im Ausland lebenden Verwandten des Herzogs, gegen die Beilage III der neuen Verfassung über den herzoglichen Grundbesitz führte zu dem revidierten Staatsgrundgesetz von 1852, das nun für beide Herzogtümer Gotha und Coburg galt, die einen gemeinschaftlichen Landtag neben einem Gothaer und Coburger Speziallandtag erhielten. Der für das ganze Land bestellte Staatsminister war aber dem Landtag nicht verantwortlich.

In der Residenzstadt fand die »Gothaer Nachversammlung« des Frankfurter Parlaments im Juni 1849 statt, zu der von 276 eingeladenen Abgeordneten, die meist der »Erbkaiserpartei« angehörten, 146 Teilnehmer erschienen waren, um im Gothaer Theater über die Wahl zu einem Reichstag zu beraten, der die Frankfurter Verfassung von 1848 bestätigen sollte. Eine praktische Bedeutung hat aber das »Gothaer Parlament« kaum gehabt.

Die Verfassung von 1852, die bis 1918 gültig war, zeichnete sich durch ein liberales Versammlungsrecht (§ 44) aus, das die Residenzstadt Gotha zum bevorzugten Tagungsort vieler Vereine mit den unterschiedlichsten politischen, wissenschaftlichen, kulturellen und beruflichen Zielsetzungen werden ließ. Von 1850 an gab es bis zur Jahrhundertwende in der Residenzstadt selbst an die 40 lokale Vereine und Ortsverbände regionaler und anderer Gruppierungen, die das gesellschaftliche Leben hier in vielfältiger Weise prägten. Zu den großen Veranstaltungen zählen u. a. das erste deutsche Schützenfest 1861, die Gründung des deutschen Fröbelvereins 1863 zur Förderung der Kleinkinderpädagogik, der Vereinigungskongreß der Eisenacher Arbeiterpartei August Bebels und des Allgemeinen Deutschen Arbeitervereins Ferdinand Lassalles 1875, die Parteitage der Sozialdemokraten 1876, 1877 sowie 1896 im Vorort Siebleben, der erste deutsche Tierschutzkongreß 1879, die Generalversammlung der Deutschen Friedensgesellschaft 1902 und der IV. Deutsche Esperantisten-Kongreß 1909.

Von 1854 bis 1890 leitete der aus Hessen kommende Jurist Karl Heinrich Hünersdorf (1817-97) als Bürgermeister, seit 1882 als Oberbürgermeister die Verwaltung der Stadt, deren Probleme infolge der zunehmenden Industrialisierung und der schnell wachsenden Einwohnerschaft (1856 = 15 300; 1890 = 29 130 Einwohner) er so erfolgreich lösen konnte, daß es nicht zur Bildung von Elendsvierteln kam, sondern Gotha weiterhin eine sehenswerte Residenzstadt blieb. Seinem Nachfolger Otto Liebetrau (1855-1928) aus dem damals gothaischen Gräfentonna, der bis 1919 an der Spitze der Stadt stand, gelang es dann, mit dem Bau der Talsperre bei Tambach-Dietharz das dringende Problem der Wasserversorgung, aber auch wichtige Bau- und Verkehrsprobleme zu lösen.

Auch in der zweiten Hälfte des 19. Jahrhunderts nahmen gothaische Soldaten an Kriegen teil, so am 27. Juni 1866 auf preußischer Seite an den Kämpfen bei Langensalza gegen die mit Österreich verbündete hannoversche Armee. Damals diente das Schießhaus (Stadthalle) an der Goldbacher Straße als Lazarett für Verwundete. Danach rückte auch das coburg-gothaische Infanterie-Regiment Nr. 95 nach Süddeutschland, kam aber nicht bei Königgrätz zum Einsatz. Im Deutsch-Französischen Krieg 1870/71 hat das Regiment an 18 Schlachten und Gefechten teilgenommen und dabei 1035 Soldaten und Offiziere verloren.

Gotha um die Jahrhundertwende

Am 12. Mai 1894 fuhr die erste Straßenbahn, die »Elektrische«, zum ersten Mal vom Bahnhof aus in die Stadt auf einer 2,5 km langen Strecke, die 1902 über die Dorotheenstraße zurück zum Bahnhof für den Ringverkehr verlängert wurde. 1914 erfolgte die Streckenführung durch die Waltershäuser Straße hinauf zur Ernststraße mit einem zweigleisigen Ausbau ab Bahnhof; am 16. Juli 1928 wurde die Zweigstrecke Arnoldiplatz-Ostbahnhof in Betrieb genommen.

Am 8. Oktober 1908 wurde das erste ständige Kino im Restaurant »Concordia«, später in »Weiße Wand« umbenannt, eröffnet, wobei 10 bis 12 Kurzfilme in einer Vorstellung gezeigt wurden: am 31. Dezember 1963 wurde hier die letzte Vorstellung gezeigt. 1912 wurde das Restaurant »Steinmühle« als Kino in Betrieb genommen, aber 1940 geschlossen, als das Großkino am Ekhofplatz eröffnet wurde. Daneben gab es zeitweilig einige kleinere Filmtheater in der Stadt.

In den Jahren vor und nach der Jahrhundertwende veränderte sich das Stadtbild durch eine Reihe von Neubauten, nachdem schon in den sechziger Jahren der Architekt Ludwig Bohnstedt (1822-85) die Bahnhofstraße mit seinen Bankgebäuden umgestaltet hatte. Nach dem Abbruch der Bergmühle erhielt der Schloßberg mit seiner Wasserkunst ein neues Ansehen. Neue Schulen (1892 Löfflerschule, 1900 Reyherschule, 1911 Arnoldischule, Baugewerbeschule) entstanden neben anderen öffentlichen Gebäuden wie das Land- und Amtsgericht (1894/96), das Stadtbad (1905/08) im Jugendstil, der Ratskeller, das Rentamt (1908) und ein Säuglingsheim mit Schwesternstation (1912) sowie die Gustav-Freytag-Apotheke am Krankenhaus (1913). Die Gothaer Architekten Alfred Cramer (1872-1938) und Julius Krusewitz (1850-1923), die auch Dozenten an der Gothaer Baugewerbeschule waren, bauten damals zahlreiche Geschäfts- und Wohnhäuser.

Ein interessantes Kapitel bieten die Jahre vor dem Ersten Weltkrieg, als Gotha eine »Fliegerstadt« wurde. Das begann mit der Gründung des Vereins »Luftschiffhafen e.V.« im Jahr 1909, und am 14. November landete auf dem Fluggelände am Seeberg das lenkbare Luftschiff »Parseval III«, das mit fünf Mann Besatzung aus Württemberg kam. Am 9. Juli 1910 wurde die erste Luftschiffhalle eingeweiht. Seitdem gab es hier bis 1914 alljährliche Flugveranstaltungen

(11) *Luftschiffhalle mit Zeppelin-Luftschiff „Hansa", um 1912.*

mit dem »Zeppelin«, wie die Luftschiffe im Volksmund genannt wurden, mit Ballonfahrten und vor allem mit Flugzeugen, die auch schon Bombenabwürfe vorführten. Im Herbst 1913 wurde die Luftschiffhalle an die Militärverwaltung verpachtet. Damit endete der Traum, Gotha zu einem mitteldeutschen Zentrum des Luftverkehrs zu machen. Das endgültige Aus kam 1920, als auf Grund des Friedensvertrages von Versailles (1919) die Gothaer Luftschiffhalle und die militärischen Nebenanlagen mit Ausnahme einiger Baracken abgerissen werden mußten.

Im Ersten Weltkrieg

Der Erste Weltkrieg wurde einerseits mit einem heute kaum noch zu begreifenden »Hurra-Patriotismus« begonnen, andererseits hatten am 29. Juli 1914 einige hundert sozialdemokratische Arbeiter im Garten des Volkshauses »Zum Mohren« gegen die drohende Kriegsgefahr protestiert. Als der Krieg ins zweite Jahr ging und länger dauerte, als anfangs erwartet, wurden im Februar 1915 Brotmarken eingeführt, Brot und Fleisch teurer und 1916 Fleisch, Butter und Fett rationalisiert. Der Kriegswinter 1916/17 blieb bei vielen noch lange als »Steckrübenwinter« in bitterer Erinnerung. Schließlich kam es am 1. und 2. Februar 1918 zu einem Massenstreik von über 2500 Arbeitern in acht größeren Betrieben der Stadt. Am 1. November wurde städtisches Notgeld als Ersatz für abgelieferte Metall- und Edelmetallmünzen ausgegeben. Am 7. November forderte die Gothaer sozialdemokratische Landtagsfraktion, die im April der USPD (Unabhängige Sozialdemokraten) beigetreten war, die Abdankung des Herzogs und die Ausrufung der Republik. Am nächsten Tag bildeten revolutionäre Arbeiter den ersten Gothaer Arbeiterrat, an dessen Spitze der Journalist Otto Geithner (1876-1948) stand. Ihm schlossen sich auch die Soldatenräte in den Gothaer Kasernen an. Am 9. November fand eine große Kundgebung auf dem Hauptmarkt gegen die Fortführung des Krieges und gegen die Monarchie statt, anschließend zog eine sozialdemokratische Delegation unter Begleitung zahlreicher Demonstranten zum Gothaer Staatsministerium im Schloß Friedrichsthal. Hier wurde der letzte Gothaer Herzog Carl Eduard (1884-1954), der nach einer Regentschaft während seiner Minderjährigkeit erst 1905 die Nachfolge seines Onkels, Herzog Alfred, angetreten hatte, für abgesetzt erklärt. Der Arbeiter- und Soldatenrat übernahm mit seinem Vollzugsausschuß die Regierungsgewalt, wobei der bisherige Beamtenapparat weitgehend im Dienst verblieb, bis am 23. Februar 1919 Wahlen einer Landesversammlung für den Freistaat Sachsen-Gotha stattfanden, denen ein Monat später die Wahl einer Stadtverordnetenversammlung folgte. Bei beiden Wahlen konnte die USPD eine knappe Mehrheit über die bürgerlichen Parteien erringen. Am 31. Juli 1919 beschloß nach längeren Abfindungsverhandlungen der Gothaer Landtag eine entschädigungslose Enteignung des Gothaer Herzogshauses durch ein Gesetz, das sechs Jahre später durch eine Entscheidung des Reichsgerichts für ungültig erklärt wurde. Nun mußte das Land Thüringen, das 1920 aus den Nachfolgestaaten der ehemaligen sieben thüringischen Herzog- und Fürstentümer gebildet worden war, den enteigneten Fürstenbesitz nach einem Vergleich wieder herausgeben.

Nachkriegsjahre

Vom 18. bis 20. März 1920 kam es beim Kapp-Putsch zu bewaffneten Kämpfen von Arbeitergruppen aus Gotha, Ohrdruf, Suhl und Zella-Mehlis an der Hauptpost, an der Kaserne der früheren Maschinengewehr-Kompanie (Humboldtstraße) und am Fliegerhorst. Dabei sind 32 Arbeiter gefallen. Am 25. März zog die Reichswehr-Brigade Rumschöttel in Gotha ein, und am 13. April übernahm ein von der Reichsregierung eingesetzter Reichskommissar vorübergehend die Regierungsgewalt.

Die Stadtverordnetenwahlen am 20. Juni 1920 brachten

den beiden sozialdemokratischen Parteien nur eine knappe Mehrheit, die schon am 18. September durch eine bürgerliche Mehrheit abgelöst wurde. Bei den Gothaer Gebietswahlen für den Landtag hatte der Gothaer Heimatbund fast 10 000 Stimmen auf sich vereinigen können, an zweiter Stelle folgte die KPD mit 6125 Stimmen, während die beiden sozialdemokratischen Listen nur 1706 bzw. 1562 Stimmen erhalten hatten. Die künftigen bürgerlichen Mehrheiten im Gothaer Stadtparlament, das damals meist im »Tivoli« an der Cosmarstraße tagte, mußten sich nun mit einer starken kommunistischen Opposition, nach 1926 auch noch mit der nationalsozialistischen Fraktion auseinandersetzen.

Wirtschaftlich gab es nach der Inflation von 1923 zunächst einen begrenzten Aufschwung, der sich u.a. in den neuen genossenschaftlichen Wohnsiedlungen »Am Schmalen Rain« und an der Prießnitzstraße sowie mit Wohnhäusern im ehemaligen »Feldherrnviertel« (mit Straßennamen nach preußischen Generalen der Befreiungskriege, 1946 umbenannt nach demokratischen Politikern von 1848) und in den Randgebieten der Stadt zeigte. Damit verbunden waren auch zahlreiche Straßenverbesserungen. Für den steigenden Kraftverkehr wurde am 4. Oktober 1930 der erste öffentliche Parkplatz am Arnoldiplatz übergeben. Die in den dreißiger Jahren zunehmende Arbeitslosigkeit – Ende 1931 gab es im Kreis Gotha über 13 300 Arbeitslose – führte zu zahlreichen Demonstrationen, Versammlungen und Aufmärschen und bewirkte besonders vor Land- und Reichstagswahlen eine weitere Radikalisierung des politischen Kampfes.

Mit der nationalsozialistischen Machtergreifung durch Hitler 1933 veränderte sich das politische und wirtschaftliche Leben in der Stadt, die 1935 wieder Truppenstandort wurde, als in die neuen Kasernen an der Ohrdrufer Straße eine Flakabteilung einzog, der Ende 1936 eine Heeres-Nachrichten-Abteilung und im Sommer 1938 eine Aufklärungs-Abteilung sowie ein Bataillon motorisierter Infanterie mit dem Einzug in neue Kasernen an der Waltershäuser

(12) *Gotha. Luftbild vor 1940.*

Straße folgten. 1938 erhielt Gotha auch den Anschluß an die Autobahn A 4 (Frankfurt/Main – Dresden).

Nach dem Erlaß der Nürnberger Rassengesetze 1935 betrieb die nationalsozialistische Herrschaft ihre antisemitische Hetze in verstärktem Maße vor allem gegen jüdische Geschäfte, aber auch gegen Ärzte und Rechtsanwälte. In der Nacht vom 9./10. November 1938, der »Reichskristallnacht«, wurde auch hier die jüdische Synagoge in Brand gesteckt und die ausgebrannte Ruine im März 1939 abgerissen. Im Gothaer Adreßbuch von 1941 sind noch die letzten 37 Gothaer Juden verzeichnet, die 1942 in die Vernichtungslager deportiert wurden. Die 1881/82 erbaute Freimaurer-Loge »Neues Leben«, die zunächst in »Gildehaus« umbenannt wurde, mußte 1939 abgerissen werden, um dem Neubau eines großen Kinos Platz zu machen, das als »LIAK« (Lichtspiele am Karolinenplatz) Ende 1940 eröffnet wurde; im August 1942 wurde hier der erste deutsche Farbfilm gezeigt.

Bereits im Oktober 1934 wurde die erste größere Luftschutzübung durchgeführt, Mitte April 1939 gab es eine die ganze Stadt erfassende Aktion dieser Art, und mit Kriegsbeginn am 1. September 1939 wurde die völlige Verdunkelung für alle Nachtstunden angeordnet. Am 26. Juli 1940 gab es von 1.30 Uhr bis 2.06 Uhr den ersten Fliegeralarm, dabei fielen Leucht- und Sprengbomben noch außerhalb der Stadt nieder. Weitere Fliegeralarme folgten, meist ohne Bombenwürfe, bis am 24. Februar 1944 ein schwerer Luftangriff die »Gothaer Waggonfabrik« am Nordostrand der Stadt traf, bei dem zahlreiche Menschen umkamen. Bei anderen Angriffen wurden die Margarethen-Kirche, die Nordseite von Schloß Friedenstein und der Hauptbahnhof zum Teil schwer beschädigt. Während eines Daueralarms überflogen die Luftgeschwader Gotha am 13. Februar 1945 in großer Höhe zum vernichtenden Angriff auf Dresden, im März gab es fast täglich Fliegeralarm, und am 3. April fielen die letzten Bomben auf die Stadt. Ein großer Bombenteppich auf Gotha konnte, als die Luftgeschwader schon im Anflug waren, noch in letzter Minute verhindert werden, als am 4. April kurz nach 9 Uhr die kampflose Übergabe der Stadt an die amerikanischen Truppen erfolgt war. Den Versuch, Gotha schon vorher vor Bombardierung und Beschießung zu bewahren, mußte der Standortälteste und Kampfkommandant Oberstleutnant Josef von Gadolla (1897-1945) mit seinem Leben bezahlen. Als er bereits ein zweites Mal zu den US-Truppen vordringen wollte, wurde er gefaßt und von einem Kriegsgericht zum Tode verurteilt. Am 5. April wurde er erschossen. An seinen Opfertod erinnert die Gadollastraße. Außer ihm sind 1537 Gothaer als Soldaten gefallen, 559 Einwohner, darunter 235 Frauen und Kinder, starben bei Luftangriffen; 330 Gebäude wurden zerstört und fast 2600 Gebäude meist erheblich beschädigt.

Nach dem Einrücken der amerikanischen Besatzungstruppen nahm die Gothaer Stadtverwaltung unter dem von der US-Militärregierung eingesetzten Oberbürgermeister Dr. Gottschalk ihre Arbeit in bescheidenem Umfang wieder auf. Neue Lebensmittelkarten für kleine Rationen wurden ausgegeben, nach der Reparatur beschädigter Rohrleitungen die Gasversorgung Anfang Juni wieder aufgenommen. Die Post begann wieder zu arbeiten, die ersten Eisenbahnzüge fuhren nach Mühlhausen. Das alles geht aus den elf ersten amtlichen Bekanntmachungen bis zum 3. Juli 1945 hervor. Dagegen wurde von der Besatzung keinerlei politische Betätigung oder Gründung von Parteien gestattet. Am 2. Juli räumten die Amerikaner auf Grund der alliierten Beschlüsse von Jalta das Thüringer Land, und schon am 3. Juli rückte die Rote Armee in Gotha ein. Die sowjetische Militär-Administration (SMA) ließ neben ihrer eigenen Verwaltung eine zunächst noch demokratische Entwicklung mit mehreren Parteien und mit besonderer Unterstützung der KPD zu. In Gotha kam es am 13. August zur Bildung des »Blocks antifaschistischer Parteien«, mit der die später gleichgeschaltete Politik aller Parteien und Organisationen eingeleitet wurde. Die von der KPD angestrebte Vereinigung mit der SPD wurde schließlich im April 1946 vollzogen, als in der Stadthalle Gothas die thüringischen Landesverbände beider Parteien ihre Einheit proklamierten. Zum ersten Mal seit 1932 und für lange Zeit auch zum einzigen Mal fanden am 8. September 1946 Gemeindewahlen mit getrennten Parteilisten statt, die in Gotha eine bürgerliche Mehrheit mit 12 346 Stimmen für die Liberal-Demokraten und 7739 Stimmen für die christlichen Demokraten, dagegen 11 832 Stimmen für die Sozialistische Einheitspartei (SED) ergaben. Die nächsten Wahlen am 15. Oktober 1950 erfolgten mit einer Blockliste der Kandidaten der »Nationalen Front«, auf der die Anteile der Parteien so aufgeschlüsselt waren, daß die ehemals demokratischen Parteien nur Bruchteile der Gesamtzahl der

Kandidaten stellen konnten. Seitdem lagen die Ergebnisse bei diesen »Abstimmungen« um die 98-99 Prozent für die Einheitsliste der SED, zuletzt noch im Mai 1989.

Im Juni 1959 wurden die letzten Lebensmittelrationierungen aufgehoben, die bei Kriegsbeginn am 1. September 1939 eingeführt worden waren. Im August des gleichen Jahres wurde die Ruine des Gothaer Landestheaters, das noch am letzten Kriegstag ausgebrannt war, gesprengt und beseitigt. Theateraufführungen fanden nach dem Krieg in der Gaststätte »Parkpavillon« statt, bis im Herbst 1959 die Schauspieler vom Landestheater Eisenach übernommen wurden, das Gotha nun als Abstecherbühne bediente, während das Orchester als Landes- und später Staatliches Sinfonie-Orchester unter der langjährigen Leitung seines Generalmusikdirektors Fritz Müller in Gotha die musikalische Tradition fortsetzte und noch bis heute erfolgreich Konzerte gibt. Nach dem Ausbau des Filmtheaters am Ekhofplatz zu einem modernen Kulturhaus (1972/73) verlegte das Orchester seine Wirkungsstätte von der Stadthalle in das neue Haus in der Stadt.

Die 1898 auf Initiative des damaligen Bürgermeisters Ostertag und des Druckereibesitzers I. W. Lang gegründete Stadtbibliothek wurde am 1. Mai 1950 im nördlichen Orangeriegebäude als moderne Freihandbücherei neu eröffnet und erhielt 1953 den Namen des Dichters Heinrich Heine. Dazu kamen 1954 eine Musikbibliothek, später im Stadtteil Siebleben und 1973 in der Humboldtstraße je eine Zweigstelle und 1987 am Klosterplatz eine neue Kinder- und Jugendbibliothek.

Das Stadtbild hat sich im Laufe der letzten Jahrzehnte durch größere Wohnungsbauten an verschiedenen Stellen verändert und auch vergrößert, vor allem seit Mitte der sechziger Jahre von der Humboldtstraße zum großen Neubaugebiet Gotha-West, das bis in die achtziger Jahre um Schulen, Kaufhallen, Seniorenheime und einen Ärztebereich mit der Apotheke »Sertürner« (1984) ergänzt worden ist. 1961 und 1968 sind auch die beiden Bombenlücken am Neumarkt geschlossen und danach die Straßenbahn herausgenommen worden. Die 1944 so schwer beschädigte Margarethenkirche wurde dank der unermüdlichen Initiative ihres langjährigen Pfarrers Otto Linz († 1959) im spätgotischen Stil erneuert, so daß 1953 eine Christvesper als erster Gottesdienst nach dem Krieg stattfinden konnte. Nach der Sicherung des 65 m hohen Turmes konnte 1961 der Wiederaufbau mit der Weihe einer neuen Orgel abgeschlossen werden.

Nach Abbruch der Altbausubstanz wurden an der Garten- und Moßlerstraße, an der Bohnstedtstraße und im alten Stadtkern westlich des Hauptmarktes seit 1982 teils größere »Wohnscheiben« sowie beiderseits der Blumenbachstraße, dem früheren Gassenviertel, einst »Pestviertel« genannt, farbige, dem Charakter der Altstadt angepaßte Wohnblocks errichtet. Der unter Denkmalschutz gestellte Hauptmarkt mit seinem Renaissance-Rathaus (1572) wurde anläßlich des 800jährigen Stadtjubiläums teilweise grundlegend erneuert und dabei der aus mehreren Häusern bestehende Gaststättenkomplex »Slovan« (Slowake) eingerichtet. An größeren Industriebauten sind das Heizwerk Gotha-West für das westliche Neubaugebiet und die Brauerei an der Leinastraße (1972/73) sowie das Industrieheizwerk an der Friemarer Straße und das Spanplattenwerk (1979) beim Ostbahnhof zu nennen. Außerdem wurde ein größerer Komplex von Internatsgebäuden an der Eisenacher Straße für die Gothaer Ingenieur- und Fachschulen (1974/75) sowie eine neue Schwimmhalle an der Karl-Schwarz-Straße (1985/86) gebaut. 1988 wurden anstelle von zum Teil baufälligen Häusern am Klosterplatz und in der Augustinerstraße neue Wohn- und Geschäftshäuser errichtet und die nahe Jüdenstraße als Geschäftsstraße weitgehend erneuert; im Stadtteil Siebleben begann man mit dem Wohnviertel Clara-Zetkin-Straße. Bis Ende 1992 wird der Eisenbahn-Viadukt am Bahnhof (Baujahr 1847, erweitert 1915/16) durch eine moderne Zweifeld-Spannbetonbrücke ersetzt werden, um den Intercity- und anderen Zügen eine schnelle Überfahrt zu ermöglichen.

56

Nach der Wende 1989

Die Wende im Oktober 1989 hat die Kreisstadt Gotha in vieler Hinsicht verändert. Im politischen Leben forderten die alten Blockparteien von der SED eine demokratische Erneuerung. In den Tagungen der Stadtverordnetenversammlungen und des Kreistages wurde wieder frei über alle anstehenden Fragen diskutiert und die Bürgermeister und Ratsmitglieder zur Verantwortung gerufen, der sie sich meist schnell durch ihren Rücktritt entzogen. Bürgerforen und Montagsgespräche fanden statt, und nach den wöchentlichen Friedensgebeten, die es schon lange vor der Wende gab, formierten sich vor der Augustinerkirche machtvolle, friedliche Demonstrationszüge durch die Innenstadt zum Hauptmarkt, wo auf Kundgebungen die Einführung demokratischer Verhältnisse gefordert wurde. Seit dem 11. Dezember 1989 kam es auf Einladung des Superintendenten Eckart Hoffmann in der 1985 erbauten Versöhnungskirche am äußersten Westrand Gothas zu politischen Gesprächen am »Runden Tisch«, an denen neben Vertretern der alten Parteien auch Mitglieder des Bürgerkomitees sowie neuer Parteien und Gruppierungen, außerdem der jeweilige Bürgermeister oder seine Stellvertreter, Vertreter des Polizeikreisamtes und der Nationalen Volksarmee, die zeitweilig hinzugezogen wurden, teilnahmen. Hier wurde Rede und Antwort über die Erneuerung und Sicherung des Lebens in der Stadt mit all ihren Problemen gestanden, und die Presse berichtete frei über den Verlauf der einzelnen Sitzungen. Dank einer Initiative von Mitgliedern des »Demokratischen Aufbruchs« wurde Anfang Dezember die Gothaer Dienststelle der Staatssicherheit gewaltlos geräumt, nachdem diese einer öffentlichen Besichtigung zugänglich gemacht worden war.

Zu einem erfreulichen Kapitel wurde jetzt die Partnerschaft Gothas mit der niedersächsischen Stadt Salzgitter. Die noch im Juli 1988 eingeleiteten Beziehungen zwischen beiden Städten waren zuerst auf parteigelenkte Gothaer Delegationen mit Gegenbesuchen beschränkt, aber seit der

Öffnung der innerdeutschen Grenze am 9. November 1989 fanden nicht nur gegenseitige Besuche zahlreicher Bürger beider Städte statt, sondern der Magistrat von Salzgitter unterstützt die neue Gothaer Stadtverwaltung in vieler Hinsicht beim Neuaufbau der kommunalpolitischen Arbeit, so daß heute eine lebendige Partnerschaft zwischen Gotha und Salzgitter besteht. Dazu sind die geschichtlich begründeten Partnerbeziehungen mit der fränkischen Stadt Coburg getreten, waren doch Gotha und Coburg im 19. Jahrhundert Residenzstädte des ehemaligen Herzogtums Sachsen-Coburg und Gotha gewesen. Auch hier gab es viele Besuche und Aktionen für Gotha.

Das Jahr 1990 brachte dann die grundlegenden Veränderungen, die jetzt in vier Tageszeitungen und weiteren wöchentlichen Anzeigenblättern vielfältig widergespiegelt werden. Und in der Innenstadt sind neue Geschäfte aller Branchen entstanden, alteingesessene neu eingerichtet und ihr Warensortiment erweitert worden, darunter auch die beiden Warenhäuser »Kaufhaus Joh« (früher »Magnet«) und »Horten« (früher «Konsument«) in der Erfurter Straße. Die Wochenmärkte auf dem Haupt- und auf dem Neumarkt sind an den Markttagen voller Stände mit einem breiten Angebot von Obst und Südfrüchten, Gemüse und Blumen wie noch nie.

Die erste freie und demokratische Kommunalwahl seit 1932 am 6. Mai 1990 gewann in Gotha die neue CDU mit 44 %, gefolgt von der SPD mit 27 % der abgegebenen Stimmen; ähnliche Wahlergebnisse gab es auch bei der Landtagswahl für das neue Bundesland Thüringen am 14. Oktober und bei der ersten gesamtdeutschen Bundestagswahl am 3. Dezember 1990. Für seine Verdienste um eine friedliche demokratische Entwicklung nach der Wende, u. a. als Begründer der Gespräche am Runden Tisch, wurde der Gothaer Superintendent und Stadtverordnete der Freien Wählergemeinschaft Eckart Hoffmann am 3. Oktober 1990 zum Ehrenbürger der Stadt Gotha ernannt.

Am 17. April 1991 kam Bundespräsident Richard von Weizsäcker zu seinem ersten Besuch nach Gotha, das nach einer amtlichen Veröffentlichung vom Juni 1990 rund 57 000 Einwohner hat. Er wurde dabei vom Ministerpräsidenten des neuen Bundeslandes Thüringen, Josef Duhač, einem Gothaer Bürger, begleitet.

Führer durch die Stadt

Gotha bietet seinen Besuchern einen großen Reichtum an Sehenswürdigkeiten, angefangen beim alles überragenden Schloß Friedenstein mit seinen Kunst- und wissenschaftlichen Sammlungen über die Altstadt mit dem Renaissance-Rathaus im Zentrum und den beiden Marktplätzen sowie den anderen, z. T. unter Denkmalschutz stehenden Bauten aus über fünf Jahrhunderten bis hin zur landschaftlich schön gelegenen Pferderennbahn nur wenige Kilometer südwestlich der Stadt. In Verbindung mit dem Stadtplan am Schluß möchte dieser zweite Teil mit seinen Informationen den Besuchern und ihren Gastgebern helfen, sich zu orientieren und dazu Geschichte und Bedeutung interessanter Gothaer Gebäude vorstellen.

Festung Grimmenstein und Schloß Friedenstein   ❶

Der Grimmenstein

Aus welcher Richtung man nach Gotha kommt, immer sieht man die beiden Türme des großen Schlosses Friedenstein mit seinen ungleichen Dächern über der Stadt. Schon im hohen Mittelalter hat der 333 m hohe Schloßberg, eine Muschelkalkhöhe der Arnstadt-Eichenberger Störungszone, eine *caminata* (steinernes Haus, Kemnate) gehabt, die schon vor 1217 eine Wohnburg gewesen sein muß, als auf ihr Landgraf Hermann von Thüringen starb. Seit 1290 sind hier Burghauptleute *(castellani)* bezeugt, und 1316 wird erstmals der Name »Grimmenstein« für die spätere Feste genannt. Auf ihr wurde der Landgraf Friedrich II. der Ernsthafte von Thüringen (1310-49) geboren, dessen Mutter Elisabeth seit 1329 hier ständig wohnte. Landgraf Balthasar (1336-1406), der gern in Gotha residierte, hat um 1380 den Grimmenstein für sich ausbauen lassen. In der zweiten Hälfte des 15. Jahrhunderts hat Herzog Wilhelm III. von Sachsen und Landgraf von Thüringen (1425-82) die Burg mit einem Graben und Basteien befestigen lassen. Im 16. Jahrhundert ist der Grimmenstein zweimal zu einer der stärksten protestantischen Festungen in Deutschland ausgebaut worden, so 1531-42 unter Kurfürst Johann Friedrich I., wobei die Marienkirche am Berge abgebrochen werden mußte. Daran haben zeitweilig 8-900 Männer gearbeitet, und die Baukosten betrugen über 150 000 Gulden, wie der Gothaer Reformator Friedrich Myconius (1490-1546) berichtet. Sein Wunsch, daß die Feste »besser Glück habe denn andere große Festungen« und nur zum Guten gebraucht werden möchte, erfüllte sich aber nicht. Nach der Schlacht bei Mühlberg an der Elbe 1547 mußte der Grimmenstein abgerüstet, der Turm gesprengt und die Wälle geschleift werden. 1553 ließ der aus der Gefangenschaft zurückgekehrte Herzog Johann Friedrich I., der die Kurwürde hatte abgeben müssen, die Gothaer Festung nochmals herrichten, aber wenige Jahre später kam das Ende: Nach den Grumbachschen Händeln (s. S. 19 f.) wurde der Grimmenstein im August 1567 gesprengt und dem Erdboden gleichgemacht.

Schloß Friedenstein

Als Herzog Ernst I. der Fromme 1640 sein Herzogtum Sachsen-Gotha übernahm, mußte er zuerst auf Schloß Tenneberg über Waltershausen und dann im Gothaer Kaufhaus (heute Rathaus) auf dem Hauptmarkt wohnen, bevor

(13) *Schloß Friedenstein, Westturm mit Westflügel. Zustand 1991.*

er nach Jahren in sein neues Schloß Friedenstein einziehen konnte, das »in vollem Kriegslauf« an der Stelle erbaut worden ist, wo die Feste Grimmenstein gestanden hat. Am 26. Oktober 1643 wurde an der Ostseite, an der Ecke der Schloßkirche, der Grundstein für den größten Schloßbau in Thüringen gelegt, und kurz nach der Einweihung der Schloßkirche am 17. September 1646 bezog der Herzog mit seiner Familie das erste Stockwerk im Hauptflügel, später folgten die Regierungskollegien, die noch im Kaufhaus waren, und 1654 war das Schloß schließlich fertiggestellt.

Danach wurde mit der Befestigung durch Wälle und Bastionen begonnen, die 1662 beendet war. Für die Bauplanung sind vier Modelle entwickelt worden, aus denen unter dem Einfluß des Herzogs schließlich der Entwurf entstanden ist, nach welchem der Schloßbau unter der Leitung des Magdeburger Festungsbaumeisters Andreas Rudolphi (1601-79) ausgeführt wurde. Ohne daß ihre Anteile im einzelnen noch nachweisbar sind, waren außerdem die Baumeister Johann Moritz Richter d. Ä. und Nicol Teiner aus Weimar, Caspar Vogel aus Erfurt und wohl auch der Breisacher Matthias Staude an den Entwürfen beteiligt. Rudolphis Rechtfertigungsschrift von 1673 macht jedoch deutlich, daß es beim Schloßbau sehr unterschiedliche Auffassungen gegeben hat, die nicht seine Zustimmung fanden, aber wohl auf Befehl des Herzogs berücksichtigt werden mußten. Der Schloßbau hat rund 53 000 Gulden oder 46 000 Reichstaler gekostet, 12 000 Taler sollten Ernsts I. Brüder laut Erbteilungsvertrag zuschießen.

Das Schloß ist eine Vierflügelanlage im Stil eines italienischen Palazzo mit dem viergeschossigen Nordflügel als Haupttrakt (Corps de logis). Ein Gurtgesims über dem zweiten der verschieden hohen Stockwerke gliedert die einfache Front über den Arkaden im Innenhof, das schiefergedeckte Walmdach ist mit breiten Dachgaupen aufgefächert; von dem einst hohen Dachreiter in der Mitte (bis 1787) ist nur der Sockel mit dem Fahnenmast geblieben. An den Ecken auf der Hofseite verbinden zwei fünfgeschossige Treppenhäuser die beiden dreigeschossigen Seitenflügel mit dem Corps de logis. An ihrem südlichen Ende stehen zwei viergeschossige, turmartige Abschlußbauten auf fast quadratischem Grundriß mit ursprünglich gleichen Zeltdächern (25 m hoch). Das runde Haubendach des Ostturms ist 1687 aufgesetzt worden, nachdem 1678 Dach und Obergeschoß abgebrannt waren. Die Dächer der Türme werden von einem turmartigen Aufsatz mit Laterne gekrönt. Auffällig ist die in Gotha nicht übliche Schieferbedeckung der Schloßdächer. Die Dimensionen des Schlosses, dessen Name »Friedenstein« noch vor dem Abschluß des Westfälischen Friedens gebräuchlich wurde, werden schon von außen deutlich (Flügellängen 140 bzw. 100 m), überraschen aber den Besucher auch mit dem 86×65 Meter großen Schloßhof mit seinen umlaufenden Arkaden auf gedrungenen Pfeilern in gebänderter Rustika und den Bögen aus Keilsteinen und Rustikaquadern. An der Nordseite sind farbige Wappensteine thüringisch-ernestinischer Heraldik angebracht. Etwa in der Mitte des Hofes, der auch Stätte kultureller Freilichtveranstaltungen ist, befindet sich der Zugang zu einem 50 m tiefen Brunnen. An der Nordostecke wurde im späten 19. Jahrhundert ein eingeschossiger, z. T. verglaster Vorbau mit Altan und zwei kleinen Wachhäuschen neben dem Hofeingang errichtet, hinter dem sich der Aufgang zur Forschungs- und Landesbibliothek Gotha befindet, während der Eingang zum Schloßmuseum und zum Staatsarchiv am westlichen Treppenhaus gegenüber liegt. Das Doppelwappen am Altan über dem Eingang erinnert an die Herkunft der beiden letzten Gothaer Herzöge aus dem englischen Königshaus. An der Stadtseite des Nordflügels befindet sich das Hauptportal mit einer rundbogigen Toreinfahrt zwischen zwei Doppelsäulen auf meterhohen Sockeln, die ein mehrfach verkröpftes Gebälk mit dem »Friedenskuß« als Schlußstein tragen. Die Knorpelwerkkartusche zeigt Frieden und Gerechtigkeit als zwei sich küssende Genien mit der Umschrift »Friede Ernehret, Vnfriede Verzehret« (vgl. Psalm 85 V. 11). Das Spruchband in der Attika über dem Gebälk erinnert an die Zerstörung des Grimmensteins 1567 und die Erbauung des Friedensteins und mahnt uns zum Frieden. Vor dem Schloß steht das 1904 errichtete und 6,80 m hohe *Denkmal* mit der 3,45 m großen Figur *Herzog Ernsts des Frommen,* ein Metallguß des Berliner Professors C. Finkenberger, und zeigt den Herzog mit großer Porträtähnlichkeit; der unter dem Mantel sichtbare Helm symbolisiert die Zeit des Herzogs als Reiteroberst im schwedischen Heer Gustaf Adolfs.

Die *Schloßkirche* im Erdgeschoß des Hauptgebäudes ist am 17. September 1646 eingeweiht worden und war Hofkirche der Gothaer Herzöge bis 1918, von 1670 bis 1761 diente sie als Begräbniskirche mit Fürstengruft. Der Kirchenraum mit seinen Doppelemporen an den Längsseiten ist durch starke Pfeiler gegliedert, denen korinthische Pilaster vorgestellt sind. An der Westseite befindet sich die Fürstenloge. 1686/87 wurden bei einem Umbau Altar, Kanzel und Orgel an der Ostseite übereinander angeordnet. Mit Stuckarbeiten wurde die Kirche 1695-97 von den Brüdern Samuel und Johann Peter Rust aus Neustadt/Eberswalde ausgestattet, die Deckenfelder mit religiösen Allegorien sowie die Fürstenloge von Seivert Lammers (1648-1711) aus Rudolstadt ausgemalt und am 28. Juli 1697 neu eingeweiht. Um 1800 erfolgte der apsidenartige Anbau der Sängertribüne an der Chorseite, 1844 wurde das Altarbild (Christus mit Kindern) – ein Geschenk des Gothaer Malers Paul Emil Jacobs (1802-66) – eingefügt. Seit 1922 ist die Schloßkirche Parochialkirche der Pfarreien Schloß-Ost und -West. An der Westseite wurde 1962 die Schloßkapelle (die ehemalige Sakristei) für Gottesdienste im Winter eingerichtet; die letzte große Renovierung erfolgte im Sommer 1990. Regelmäßig finden Gottesdienste und gelegentlich auch kirchenmusikalische Veranstaltungen statt.

Der vierte südliche Flügel war ursprünglich Reithalle, ist heute nur noch Teilstück des Rundgangs unter den Arkaden und hat ein Rundbogenportal als zweiten Zugang zum Schloßhof. In den Seitenflügeln gab es Tore zum Marstall und zum Zeughaus, die an den Außenseiten z. T. zugemauert sind. Das Zeughaustor (um 1650) auf der Innenseite des Ostflügels unter den Arkaden zeigt Waffen, Fahnen und

(14) *Der „Friedenskuß" am Schloßportal (um 1650).*

(15) *Portal der Schloßkirche (16. Jahrhundert)*

(16) *Herzog (1532 – 47 Kurfürst) Johann Friedrich I. von Sachsen mit Er-*
nestinerwappen am Westflügel des Schlosses Friedenstein.

Kriegstrophäen über zwei Säulen mit Rollwerk auf den Sockeln. Das Portal zur Schloßkirche (geschlossen) hinter dem Vorbau ist vom Grimmenstein übernommen worden (1553) und zeigt den schönen Dekor deutscher Renaissance, umgeben von einem Knorpelwerkrahmen (vermutlich 1645/46). An den Außenseiten der Schloßflügel und an der Südseite des Ostturmes befinden sich große Relieftafeln, wohl aus Seebergsandstein, mit dem Bildnis des Kurfürsten Johann Friedrich I. (1503-54) mit dem geschulterten Kurschwert, darunter das sächsisch-ernestinische Wappen, wie es mit den gekreuzten Kurschwertern im Mittelfeld bis 1547 rechtens war. Dazu kommt am Ostflügel die Darstellung eines Glücksrades, das vielleicht auf den Verlust der Kurwürde nach der Schlacht bei Mühlberg 1547 als Unglücksfall hinweisen soll. Diese Porträtreliefs zählen zu den ältesten Schmuckelementen am Schloß.

Mit dem Schloßbau hat Herzog Ernst der Fromme auch baulich seine Zentralisationsbestrebungen deutlich gemacht. Denn außer den Wohnräumen der Fürstenfamilie im Nordflügel mit dem repräsentativen Thronsaal waren hier auch die Diensträume der Regierungskollegien (Geheimer Rat, Regierung, Kammer, Konsistorium) zusammen mit Kirche, Zeughaus (Waffenkammer), Münzstätte, Marstall, Bibliothek, Kunst- und Naturalienkammer und dem »Komödiengemach« (Ballhaus) unter einem Dach untergebracht. Das Schloß Friedenstein ist so auch für weitere Schloßbauten in Mitteldeutschland richtungsweisend geworden, z. B. in Weimar (1774 abgebrannt) und Jena (später abgebrochen) sowie in Weißenfels und Zeitz. Das gesamte Äußere (Außenhaut) des Schlosses ist im Jahre 1990 gründlich restauriert worden. Heute ist der Bau ein in 350 Jahren historisch gewachsener Standort dreier Museen mit einem Barocktheater sowie einer großen wissenschaftlichen Bibliothek, eines Staatsarchivs und einer Kirche.

Die Kunstkammer (erstes Inventar 1656) war der Anfang für die heute reichen Bestände des Schloßmuseums, die später ständig vermehrt wurden, wie die Inventare des 18. Jahrhunderts zeigen, und war in verschiedene »Gemächer« und »Cabinette« aufgeteilt. Als erstes wurde die Gemäldegalerie im Dezember 1824 der Öffentlichkeit zugänglich und 1835 von Dr. Georg Rathgeber (1800-75) als Kustos mit einer inventarartigen Beschreibung bekannt gemacht. Das Münzkabinett wurde 1712 als ein eigener Bereich aus- und der Bibliothek angegliedert, wo es bis 1945 verblieb; nach der Rückführung aus der Sowjetunion 1957 wurde es dem Schloßmuseum zugewiesen. Mit seinem heutigen Bestand (25 000 antike Münzen, davon etwa 16 000 römische, 15 000 mittelalterliche und 30 000 neuzeitliche – seit 1500 – sowie rund 20 000 Medaillen und 10 000 Geldscheine, Stempel u. a.) gehört es zu den bedeutendsten, international bekannten Münzsammlungen unseres Landes. Die frühere Kunstsammlung hatte von 1878 bis 1948 in dem eigens dafür errichteten Museumsgebäude an der Parkstraße (heute Museum der Natur, Baugeschichte s. Seite 77) ihr Domizil. Am 21. Dezember 1951 wurde dann das Kulturhistorische Museum im Schloß Friedenstein mit den Restbeständen eröffnet; denn der weitaus größte Teil der Kunstsammlungen war Anfang 1946 auf Befehl der Sowjetischen Militär-Administration in Deutschland (SMAD) in die Sowjetunion verbracht und 1957/58 wieder nach Gotha zurückgeführt worden. Seit 1956 war das Schloßmuseum eine selbständige Einrichtung und gehört seit 1968 zu den Museen der Stadt Gotha. In den sechziger und siebziger Jahren sind die klassizistischen Räume und zuletzt die Weimar-Galerie im Westflügel des Schlosses in ihrer originalen Fassung renoviert worden. Sie zeigen in wechselnden Ausstellungen sowohl eigene Bestände als auch auswärtiges Kunst- und Kulturgut.

Im Hauptflügel ist der große *Thronsaal* mit seinem üppigen Stuckdekor (Fruchtgehänge, Figurenschmuck) der Brüder Rust von 1687-97, der als ehemaliger Bankettsaal umgestaltet wurde, der Mittelpunkt der gesamten Zimmerflucht mit 19 Räumen; er wird heute auch für kammermusikalische »Thronsaalkonzerte« und andere Veranstaltungen genutzt. Besonders beachtenswert sind in diesen Räumen, die im 17. und 18. Jahrhundert eingerichtet wor-

(17) *Schloß Friedenstein. Thronsaal (17. Jahrhundert).*

den waren, die schönen Intarsienfußböden. Die drei Eckge-
mächer an der Westseite des Nordflügels bildeten früher
das Appartment der Erbprinzen (18.-19. Jahrhundert) und
werden jetzt für Sonderausstellungen genutzt. Das »Vorge-
mach zu den Eckgemächern« bzw. zum Thronsaal fällt
durch seinen Kaminaufbau mit dem herzoglichen Wappen
(1687) und dem blitzeschleudernden Jupiter darüber auf;
die Herkunft der Sandsteinsäule mit dem schönen Be-
schlagwerk der deutschen Spätrenaissance ist unbekannt.

Im Stockwerk darunter befinden sich die *Kirchgalerie* mit
Stichkappengewölbe (1646) und daneben der Gewölbesaal,
in dem früher der Geheime Rat unter dem Vorsitz des Herzogs seine Sitzungen abhielt; der Kamin ist eine spätere
Zutat (Neorenaissance, Ende 19. Jahrhundert). Hier befin-

(18) *Gothaer Liebespaar, um 1484, Schloßmuseum Gotha.* ▶

den sich die Gemälde der Ausstellung »Deutsche Kunst des Mittelalters und der Renaissance«, darunter das bekannte »Gothaer Liebespaar« des Hausbuchmeisters (um 1484) und am Ende der Empfangsgalerie der Tafelaltar mit vierzehn Klappflügeln, der mit seinen 158 Bildern zur Lebensgeschichte Christi das bilderreichste Werk der deutschen Tafelmalerei aus dem 2. Viertel des 16. Jahrhunderts ist. Im oberen Stockwerk des Westflügels liegt die Weimarische Galerie, die ursprünglich ohne Zwischentüren vom Treppenhaus bis zum westlichen Turm an den »fremden Gemächern« entlang führte, aber schon im frühen 18. Jahrhundert dreigeteilt und mit Stukkaturen (Bandelwerk mit Blumenkörben und Maskarons) der Brüder Minetti (1713/14) ausgeschmückt wurde. Nach der Restaurierung in den achtziger Jahren wurden hier wieder »die Bildnisse der Fürsten und Fürstinnen des jüngeren sächsischen Hauses« (Ernestiner) als Wandschmuck angebracht. Von den elf Räumen an der Westseite sind acht im klassizistischen Stil teils noch unter Herzog Ernst II. von Sachsen-Gotha-Altenburg vor bzw. um 1800, teils unter seinem Nachfolger Herzog August geschmackvoll eingerichtet worden, wozu der Gothaer Hofbildhauer und Kustos Friedrich Wilhelm Doell (1750-1816) Flachreliefs und Stukkaturen als Wandschmuck geliefert hat. Von ihm und seinem Lehrer, dem Pariser Bildhauer Jean Antoine Houdon (1741-1828), sind auch Plastiken aufgestellt, u.a. Porträtbüsten von Chr. W. Gluck, Rousseau, Voltaire und Winckelmann. Die letzten drei Räume vor dem Westturm sind dagegen fast schmucklos und zeigen die Ausstellung »Gemälde niederländischer und flämischer Meister des 16. und 17. Jahrhunderts« der verschiedenen Genres.

Die Entstehung der *Plastiken-Sammlung* geht auf die Sammlung von Abgüssen antiker und anderer Skulpturen zurück, die Herzog Ernst II. gegründet hat und zu der später auch mittelalterliche Schnitzplastik aus Thüringen gekommen ist. Thematisch breit gefächert ist die Keramiksammlung mit 850 Stücken aus der 1757 als erste in Thüringen gegründeten Gothaer Porzellanmanufaktur, die in der

Zeit von 1770 bis 1790 ihre künstlerischen Höhepunkte hatte; hinzu kommen Böttgersteinzeug und -porzellan sowie Meißener Porzellane des 18. und 19. Jahrhunderts und eine Majolika-Sammlung. Eine Glassammlung enthält ausgezeichnete Stücke verschiedenster Art von der Antike bis ins 19. Jahrhundert. In der Antikensammlung nehmen die griechischen Vasen aus der Zeit von 800 bis 500 v. Chr. einen bedeutenden Platz ein. Das »Chinesische Cabinet« mit seinen Ostasiatika, darunter chinesische und japanische Porzellane sowie Kleinplastiken aus Speckstein und Lackarbeiten, ist besonders von Herzog August zu Anfang des 19. Jahrhunderts gefördert worden; am Ende des vorigen Jahrhunderts ist die Sammlung chinesischer Frühkeramik des Sinologen Friedrich Hirth (1845-1927) dazugekommen. Die Ägyptische Sammlung gehört zu den ältesten in Deutschland und ist im Auftrag Herzog Augusts in den Jahren 1807 bis 1811 von dem Forschungsreisenden Ulrich Jasper Seetzen (1767-1811) durch Ankäufe im Orient bereichert worden (Mumien, Plastiken). Die völkerkundliche Sammlung geht auf einen Bestand zurück, den der Gothaer Caspar Schmalkalden auf seinen Reisen in Brasilien, Chile und Ostindien 1642-52 erworben hatte; dazu kam im frühen 19. Jahrhundert die Sammlung von C. H. W. Anthing (1766-1823) aus Borneo und Java, der holländischer Offizier und Generalgouverneur von Batavia war. Schließlich ist noch der vielschichtige Bestand an »Schloßmeublement« mit Schränken, Uhren und Lampen vom 17. bis 19. Jahrhundert zu erwähnen. Auch wenn er keiner zielgerichteten Sammlung entspricht, ergänzt er doch das breite künstlerische Spektrum der Gothaer Museumsbestände.

Das *Museum für Regionalgeschichte und Volkskunde* ist 1928 mit den Sammlungen des Vereins für Gothaische Geschichte und Altertumsforschung (gegr. 1895) und der ur- und frühgeschichtlichen Sammlung des Gothaer Versicherungsarztes Dr. Georg Florschütz (1859-1940) im Westturm des Schlosses eröffnet worden, zu der im folgenden Jahr eine Trachtensammlung und später die ur- und frühgeschichtliche Sammlung des Sonneborner Lehrers Hermann

(19) *Ekhoftheater. Barockbühne von 1683.*

Kaufmann kamen. Zu den Kriegsverlusten infolge Auslagerungen gehören die Porzellan-, Uniformen- und Trachtensammlung. Einer Wiedereinrichtung des Heimatmuseums als Teil eines »Museumskombinats« mit der Eröffnung am 25. März 1951 folgte die plötzliche Schließung Ende 1952; erst 1956/57 trat das damalige Heimatmuseum wieder mit wechselnden Ausstellungen an die Öffentlichkeit. Heute zeigt es eine ur- und frühgeschichtliche Ausstellung, Musikinstrumente des 17.-19. Jahrhunderts sowie andere Ausstellungen besonders zur Stadtgeschichte. Außer seinen volkskundlichen Sammlungen besitzt es eine umfangreiche regionalgeschichtliche Fotothek mit etwa 60 000 Aufnahmen. Zum Museum für Regionalgeschichte gehört noch das *Ekhof-Theater*, das einstige Hoftheater (seit 1683), mit seiner heute noch funktionstüchtigen Bühnentechnik aus

dem 18. Jahrhundert und mit einer reichen Theaterge-
schichte, die ihren Höhepunkt in den Jahren 1774 bis 1778
hatte, als hier der »Vater der deutschen Schauspielkunst«
Conrad Ekhof (1720-78) als hervorragender Schauspieler
und Theaterdirektor wirkte. Das Ekhof-Theater bietet in
den Sommermonaten kammermusikalische Konzerte.

Neu ist das *Kartographie-Museum*, das 1985 zum 200jähri-
gen Jubiläum des Gothaer Verlages Hermann Haack (vormals Justus Perthes) gegründet und jetzt im Obergeschoß
des Westturms wiedereröffnet worden ist. Als eines der we-
nigen kartographischen Museen überhaupt stellt es unter
dem Titel »Imago mundi – Bild der Welt« die Geschichte
der Kartographie in Verbindung mit der Gothaer Atlas-
und Schulkartographie und Kartentechnik vor, wie sie
u. a. durch den berühmten Handatlas Adolf Stielers (1775-
1836) und die zahlreichen Schulwandkarten Hermann
Haacks (1872-1966) weit über Deutschland hinaus bekannt
geworden ist. Außerdem zeigt sie den Arbeitsplatz eines
Kartographen.

(20) *Hermann Haack (1872 – 1966), Gothaer Kartograph.*

Die *Forschungs- und Landesbibliothek* (FLB) Gotha ist mit ihrem Einzugsdatum 8. August 1647 die älteste wissenschaftliche Einrichtung im Schloß. Sie war zuerst im Obergeschoß des Westturms über dem »Comödiengemach« untergebracht und kam 1687 in den großen Saal des Ostturms, der nach dem Brand von 1678 dafür neu errichtet worden war. Diese Bibliothek war der Öffentlichkeit schon früh zugänglich, wie u. a. eine Benutzerordnung von 1775 bezeugt. Sie wurde von gelehrten Bibliothekaren, die meist auch angesehene Mitglieder von Akademien und wissenschaftlichen Gesellschaften waren, geleitet. Die Gothaer Herzöge haben die Vermehrung ihrer Bestände gern gefördert, nicht selten durch Ankäufe ganzer Nachlässe. Deshalb wurden im 19. Jahrhundert die Stockwerke über und unter dem alten Bibliothekssaal dazugenommen, und 1924 kam auch ein Stockwerk des Ostflügels hinzu, um die wachsenden Bestände aufzunehmen und bessere Arbeitsräume zu schaffen. Als im Herbst 1956 der ein Jahrzehnt zuvor in die Sowjetunion ausgelagerte Hauptbestand von 330 000 Bänden nach Gotha zurückgeführt wurde, erweiterte man die Bibliothek um die Räume im zweiten Stock des Ostflügels. Insgesamt umfaßt der Bestand der FLB heute etwa 530 000 Bände, darunter 5500 abendländische und 3400 orientalische Handschriften aus zwölf Jahrhunderten sowie 1000 Inkunabeln (Frühdrucke bis 1500). Neben diesen Handschriften und Frühdrucken sind auch die zahlreichen Drucke des 16. bis 17. Jahrhunderts ständig Gegenstand internationaler Forschung, zu denen noch ein umfangreicher Bestand an Zeitungen und älteren Zeitschriften und an landeskundlicher Literatur über Thüringen, besonders auch über das Gothaer Land, kommt. Partnerbeziehungen bestehen zu den großen Bibliotheken in Wolfenbüttel, Kassel und Coburg. Wechselnde Ausstellungen in der Eingangsgalerie (Ostflügel, erstes Stockwerk) stellen interessante Themen aus Kultur und Wissenschaftsgeschichte vor; Führungen erfolgen nach vorheriger Terminvereinbarung.

Das *Gothaer Archiv* ist eine Außenstelle des Thüringischen Hauptstaatsarchivs Weimar und befindet sich im ersten Stock des Westflügels (Eingang wie Schloßmuseum). Zu seinem Bestand gehören rund 7500 Urkunden vom 11. Jahrhundert an sowie 9500 laufende Meter Akten und 8990 Zeitungsbände, worüber ein gedrucktes Bestandsverzeichnis (Weimar 1960) informiert.

Das *Museum der Natur* wurde von 1864-79 nach den Plänen des Wiener Architekten und Gothaer Hofrates Franz von Neumann d. Ä. (1815-88) im Neorenaissancestil für die umfangreichen Kunstsammlungen erbaut, die die Gothaer Ernestinerherzöge seit der Mitte des 17. Jahrhunderts zusammengetragen hatten. Das dreigeschossige Gebäude ist durch leicht vorgezogene Ecken und Mitteltrakte an den Längsseiten gegliedert und sein Haubendach mit einer Glaskuppel gekrönt; den Eingang an der Vorderseite (Parkallee 15) bildet eine offene Halle auf Säulen, vor der ein breiter Treppenaufgang von zwei liegenden Löwen flankiert wird. 1990 wurde nach der Wiederinstandsetzung der

(21) *Museum der Natur (1864–79), Parkseite.*

Dachkuppel das Standbild des Bauherrn des Museums, Herzog Ernsts II. von Sachsen-Coburg und Gotha (1818-93), im Saal darunter wieder aufgestellt. Es zeigt den bedeutenden Fürsten als Ritter des Hosenbandordens und ist ein Werk des aus Gotha stammenden und in Breslau tätigen Bildhauers Christian Behrens (1852-1905).

Nach dem letzten Weltkrieg war der größte Teil der Kunstschätze auch aus diesem Museum in die Sowjetunion verbracht worden und ist 1959 in das Schloß zurückgekehrt. Inzwischen hatte man das Museumsgebäude mit den umfangreichen Gothaer naturwissenschaftlichen Sammlungen zu einem sehenswerten Museum der Natur eingerichtet. Seit 1978 ist es geologisches Leitmuseum für Thüringen, wobei die wissenschaftliche Forschung der Mitarbeiter seit den siebziger Jahren zu neuen Erkenntnissen über die Paläontologie des Oberrotliegenden im Thüringer Wald geführt haben. Außerdem ist das Museum, das u. a. umfangreiche und wertvolle Sammlungen von Vögeln und Insekten besitzt, an internationalen Forschungen verschiedener zoologischer Projekte beteiligt. Sowohl interessante ständige Ausstellungen zur Natur und Umwelt des Thüringer Waldes als Erholungslandschaft und von Tiergemeinschaften in Großdioramen als auch wechselnde Sonderausstellungen gehören zu den sehenswerten Angeboten des Museums der Natur.

③ Der Gothaer *Park* wurde im einstigen »großen Garten« angelegt, zu dem auch ein Küchengarten, eine Gärtnerei und ein Tiergarten gehörten. Um 1769 begann der Gärtner Haverfield (vermutlich aus der englischen Gärtnersfamilie Haverfield beim Park von Kew bei London) im Auftrag des Erbprinzen Ernst mit der Anlage des Gothaer Parks, des ersten im Stil der englischen Landschaftsparks («Englischer Garten«) in Thüringen. Der später hinzugezogene Obergärtner Chr. H. Wehmeyer aus Molsdorf, an den das Denkmal südlich des großen Parkteiches erinnert, hat Haverfields Werk bis 1813 fortgesetzt. Ihm folgte der aus Wörlitz stammende Landschaftsgärtner Johann Rudolf Eyserbeck (1765-1844). Der dorische *Tempel zwischen dem*

(22) *Herzog Ernst II. von Sachsen-Coburg-Gotha (1818–93) als Ritter des Hosenbandordens. Statue von Christian Behrens im Museum der Natur.*

kleinen und großen Parkteich ist ein Werk des bekannten Wörlitzer Architekten Friedrich Erdmannsdorff (1736-1800), gestaltet nach einem antiken Gebäude aus dem englischen Tafelwerk »The Antiquities of Athens« (1762). Der Baumbestand wies neben den zahlreichen Buchen, darunter auch Rotbuchen, manche dendrologische Seltenheiten und Exoten auf, so im früheren »Tannengarten« am kleinen Parkteich, ist aber nach dem Krieg nur unzureichend gepflegt und erhalten worden. So konnten beim Bau der Fernheizungsleitung an der Parkstraße nur mit Mühe größere Eingriffe verhütet werden, wobei auch einige Ersatzpflanzungen vorgenommen wurden. Auf der Insel im großen Parkteich befinden sich die *Grabstätten der Gothaer Herzöge* Ernst II., August und seiner Gemahlin Caroline, Friedrich IV. sowie der kleinen Prinzen Ludwig und Ernst, an die eine schlichte Grabplatte erinnert. Auch eine Sphinx von Friedrich Wilhelm Doell (Anfang des 19. Jahrhunderts) befindet sich hier, jedoch ohne den Sockel, auf dem sie früher im Park lag.

Der etwa 21 ha große Park – früher der »Garten des Herzogs« – war zum großen Teil durch Palisaden geschützt und wurde seit 1786 an Donnerstagen und Sonntagen für die Hofbeamten und Honoratioren der Residenzstadt geöffnet, wenn der Herzog ihn nicht besuchte; seit 1827 war er zunächst nur freitags und seit Ende des vorigen Jahrhunderts ist er täglich für jedermann zugänglich.

Zum Park gehören auch die breiten *Anlagen um das Schloß* zwischen Lindenauallee und Orangerie, am Schloß auf den einstigen Wällen angelegt (um 1791/92). Auf der Ostseite befindet sich der *Garten der Herzogin*, für die Ernst II. das »Teeschlößchen« als neugotische »Kapelle« erbauen ließ, während die Herzogin zwei Denkmalbüsten von Leibniz und Kepler aufstellen und eine kleinere »Menagerie« mit Ziergeflügel einrichten ließ. In den Gartenanlagen vor dem Ostflügel des Schlosses steht eine Märtyrersäule mit dem Relief von vier heiligen Märtyrern am gotischen Kapitell, das anfangs des 19. Jahrhunderts Leopold F. Doell geschaffen hat. Dem Andenken des Hofpredigers

(23) *Parkteich mit dorischem Tempel von Friedrich Erdmannsdorff (1778).*

und Theologen *Johann Benjamin Koppe* (1750-91) ist die kannelierte Säule mit einer Deckelvase darauf gewidmet, die Friedrich Wilhelm Doell, der Vater Leopolds, Ende des 18. Jahrhunderts schuf. Das *Teeschlößchen* diente vom Ende des vorigen Jahrhunderts bis 1914 der »englischen Kolonie« am Herzogshof als anglikanische Kirche, wurde danach als städtische Ausbildungsstätte für Kindergärtnerinnen genutzt und 1988 grundlegend erneuert. Unterhalb dieses Kindergartens erinnert bei der Albertsbuche ein Findling mit einem Bronzerelief an den Gothaer Kartographen *August Petermann* (1822-78), der die Afrikaforschung und die deutsche Nordpolforschung von Gotha aus organisiert und gefördert hat und heute noch durch »Petermanns

(24) *„Teeschlößchen" in den Anlagen am Schloß (Ostseite).*

Geographische Mitteilungen« in Fachkreisen gut bekannt ist. Ein anderes Denkmal steht an der Parkallee gegenüber der Jägerstraße. Dieser Porphyrblock mit dem Bronzeporträt ist dem aus Gotha stammenden Göttinger Medizinprofessor *Johann Friedrich Blumenbach* (1752-1840), einem bedeutenden Naturforscher und Begründer der Anthropologie, gewidmet. Zwischen Schloß und Museum stand von 1926 bis 1946 ein Kriegerdenkmal zur Erinnerung an die im Ersten Weltkrieg gefallenen Soldaten des 6. Thüringischen Infanterie-Regiments Nr. 95. An seiner Stelle wurde im Rosengarten ein *Ehrenmal* für die »Helden des antifaschistischen Widerstandskampfes« 1933-45 errichtet. Auf der Westseite der »Anlagen« steht an der Ecke Lindenauallee/Parkallee ein *Findling mit einem Goethe-Vers* für den Gothaer Park, den der Weimarer Dichter im Mai 1782 als »himmlischen Garten« gepriesen hat. Gegenüber der Bergallee ist im Mai 1991 ein neues Denkmal für die Gefallenen des Gothaer Regiments von 1807-1918 errichtet worden.

Schloßberg   **4**

Am Schloßberg oberhalb des Hauptmarktes befand sich bis zu ihrem Abbruch 1895 die *Bergmühle,* die schon 1378 als städtische Mühle bezeugt ist. Sie war die einzige in der Stadt, während die anderen neun Mühlen (1566/67) vor der Stadtmauer in den Vorstädten standen. Anstelle der Bergmühle wurde das Gebäude der früheren Thüringischen Landesversicherungsanstalt (1927-45) errichtet, danach ein geodätischer Betrieb, der heute Teil des Landesvermessungsamtes Thüringen ist. Die *Wasserkunst* ist eine Schöpfung des Gothaer Tiefbauingenieurs Hugo Mairich (1863-1902), der auch die Gothaer Talsperre bei Tambach-Dietharz für die Wasserversorgung der Stadt projektierte. Die Wasserkunst erinnert mit zwei Tafeln am unteren Becken an den Bau des Leinakanals 1369 und wird durch ein Pumpwerk im Keller des Lucas-Cranach-Hauses am Hauptmarkt 17 mit Wasser aus dem Leinakanal gespeist.

Dieses Pumpwerk mit einer Turbinenanlage aus dem Jahr 1895 der einst weltbekannten Gothaer Maschinenbaufirma Briegleb, Hansen & Co. ist 1987/88 wieder instandgesetzt worden und wird täglich in den Mittagsstunden in Betrieb gesetzt. An der oberen Ecke des Schloßberges steht das schon 1553 als Amtshaus überlieferte zweigeschossige »*Paradies*«; das heutige Gebäude wurde 1637 erbaut und 1827 von der Stadt erworben, von 1858-1918 war es Landratsamt. Unterhalb davon befindet sich das barocke Haus »*Zum Fürstenhut*«, das 1703 unter Herzog Friedrich II. als Freihof erbaut wurde; inzwischen mehrfach renoviert, dient heute das »F-Haus« (Hausmarke F) als Wohnhaus.

Die untere westliche Ecke wird vom ehemaligen *Landschaftshaus* beherrscht. Das dreigeschossige Gebäude mit seiner Eckquaderung war im 17. Jahrhundert als Western-

(25) *Schloßberg mit Wasserkunst.*

(26) *Blick vom Schloßberg aufs Rathaus.*

hagensches Palais eines herzoglichen Beamten erbaut worden und erhielt nach einem Umbau nach 1700 die heutige barocke Fassadengestaltung, wobei das Erdgeschoß an der Ostseite (Schloßberg) auf eine Zusammenlegung mit dem Nachbarhaus hindeutet. Das Landschaftshaus war seit dem 18. Jahrhundert Tagungsort der Landstände des Gothaer Herzogtums (Landschaft: Grafenstand, Ritterschaft, Immediatstädte), die über die Bewilligung von Land- und Tranksteuern – etwa ein Drittel der Kammereinnahmen – entschieden. Seit 1848 tagte hier der Gothaer Landtag bis 1918, 1918-20 der des Freistaates Sachsen-Gotha. Im 19. Jahrhundert befanden sich hier auch das Justizamt und das Gericht bis 1896. 1923 wurde das Landschaftsarchiv mit dem gesamten Aktenbestand der Gothaer Landtage vom Staatsarchiv Gotha im Schloß Friedenstein übernommen. Seit 1931 befindet sich hier das 1878 als Lebensmittelchemisches Laboratorium gegründete Hygiene-Institut. Das Gebäude ist nach dem Krieg wiederholt renoviert worden.

Am Hauptmarkt

5 Beherrschender Mittelpunkt des Hauptmarkts ist das *Rathaus*. Es teilt den innerstädtischen Platz in den oberen Hauptmarkt, einst der »Holzmarkt«, und den unteren Hauptmarkt, ehemals »Jacobsplatz« genannt nach der hier im Mittelalter stehenden Jacobskapelle. Der ganze Platz ist mit dem historischen Altstadtkern um die Mitte des 12. Jahrhunderts zwischen dem Burgberg und der durch den Brühl hereinkommenden Handelsstraße so angelegt worden, daß er von der Burg aus zu überblicken war. Die zum Neumarkt weiterführende Marktstraße verbindet beide Plätze auch heute noch als eine pulsierende Geschäftsstraße. Das Rathaus wurde nach den Grumbachschen Händeln (1566/67) für das abgebrochene städtische Kaufhaus als massives Gebäude errichtet und erhielt die reich gegliederte Renaissancefassade von 1574 mit dem Treppengiebel und dem Rundbogenportal mit dem sächsisch-ernestinischen Wappen darüber. (Die Jacobskapelle war 1566/67 abgebrochen worden.) Über dem rustizierten Erdgeschoß sind die Obergeschosse mit Pilastern aufgegliedert; an der Westseite befindet sich der zweite Eingang mit dem gleichen landesfürstlichen Wappen darüber. Von 1640 bis 1646 hat hier der erste Gothaer Herzog Ernst der Fromme residiert (s. Seite 24). Nach dem großen Stadtbrand von 1665 hat der Schloßbaumeister Andreas Rudolphi das Kaufhaus zum Rathaus umgebaut. Am Ende des 19. und auch in diesem Jahrhundert sind bei Restaurierungen Sitzungs- und andere Räume wiederholt umgestaltet worden. Jetzt hat hier der Magistrat der Stadt Gotha mit einigen Abteilungen seinen Sitz.

Der gesamte *Hauptmarkt* (220 x 60 m) mit den umliegenden Häusern steht als historischer Gebäudekomplex unter Denkmalschutz. An der Nordostecke befand sich einst das

(27) *Innungshalle im Ratskeller.*

(28) *Rathausportal, 1574.*

88

(29) *Rathaus, Renaissancegiebel.*

schon 1207 erwähnte Rathaus. Das heute dort stehende Gebäude ist 1715 als viergeschossiges Eckhaus mit Mansarddach am Eingang zur Marktstraße errichtet worden. In der Nische auf der Westseite steht eine Plastik des wohltätigen Gothaer Bürgers Augustin mit zwei Kindern, denen er wie anderen hungernden Kindern nach einer alten Überlieferung während einer Teuerung im 15. Jahrhundert Brot und Brötchen ausgeteilt hat. Seitdem hat das Gebäude verschiedenen Zwecken gedient: So war hier von 1731-90 eine zweite Apotheke untergebracht; 1820 hat der Gothaer Kaufmann Ernst Wilhelm Arnoldi das Haus für die Krämer-Innung erworben (daher die heute noch landläufige Bezeichnung *Innungshalle*), nachdem er bereits 1818 die erste deutsche Handelsschule für kaufmännische Lehrlinge hier eingerichtet hatte, die für zahlreiche weitere Berufsschulen dieser Art Vorbild geworden ist. Später zogen städtische Ämter hier ein, so daß es zum »Haus zwei« der Stadtverwaltung wurde. An der Ecke befindet sich im Erdgeschoß die älteste Gothaer Buchhandlung (vormals Carl Glaeser, Inhaber: Adolf Schöler), die auf eine 300jährige Geschichte zurückblicken kann. Neben der Innungshalle steht der *Ratskeller*, der 1907 anstelle des alten Stadtkellers von Stadtbaurat W. Götte (1873-1927) errichtet wurde.

❼ Die ehemalige *Hof-Apotheke* – seit 1949 *Goethe-Apotheke* – (Nr. 10) geht mit ihren Anfängen als Gewürz- und Heilkräuterhandlung in das frühe 16. Jahrhundert zurück; das frühere Haus *Zum rothen Horn* wurde 1578 mit der Verleihung eines »Privilegium exclusivum« an den Bürger Wolf Döhnel eine der ältesten Apotheken Thüringens. 1983 wurde das Haus mit seinem Treppengiebel an der Gutenbergstraße restauriert.

❽ Das *Cranach-Haus* (Nr. 17) an der Ecke zur Lucas-Cranach-Straße ist ein einfaches, zweigeschossiges Barockgebäude mit Mansarddach und einem Rundbogenportal. Der Vorgängerbau gehörte um 1500 dem Gothaer Ratsherrn Jobst Brengbier, dessen Tochter Barbara hier die Frau des Malers Lucas Cranach wurde. 1544 hat Cranachs Tochter dann den aus Würzburg stammenden Juristen und Gothaer

Ratsherren Georg Dasch geheiratet, daher das Familien-doppelwappen am Haus. Das heutige Gebäude war seit 1852 eine »Höhere Töchterschule« (seit 1854 städtisch) und erhielt 1872 zum 400. Geburtstag Cranachs den Namen des berühmten Malers der Reformation. In diesem Jahrhundert war in dem Gebäude eine Hilfsschule für zurückgebliebene Kinder untergebracht, bis nach einer gründlichen Renovierung ein »Haus der Dienste« für Reparaturen verschiedenster Art eingerichtet wurde; nach der politischen Wende 1989 sind auch andere kommerzielle Einrichtungen eingezogen.

Gegenüber befindet sich an der Ecke zur Jüdenstraße der Hotel- und Gaststättenkomplex *Slovan* (Slovake), der 1985 aus der Gaststätte »Zur Rosenau« und durch Zusammenlegung mit benachbarten Geschäftshäusern eingerichtet worden ist.

Gebäude von stadtgeschichtlicher Bedeutung sind das Geburtshaus Ernst Wilhelm Arnoldis (1778-1841) am unteren Hauptmarkt (Nr. 37), einst *Zur güldenen Quelle* genannt, und sein Wohnhaus seit 1823 am oberen Hauptmarkt Nr. 14 (*Zum rothen Hirsch*); an beiden Häusern weisen Gedenktafeln hin. – Im Haus Nr. 34 *Zur güldenen Krone* befand sich von 1803 bis 1868 die Fürstlich Thurn und Taxissche Post und bis 1875 das Gothaer Postamt. – Im Haus *Zur goldenen Schelle* (Nr. 40), das einst dem reichen Gothaer Bürger Simon Sorge gehört hat, wohnte der Schriftsteller, Bibliothekar und Verwaltungsdirektor des Gothaer Hoftheaters zu Ekhofs Zeiten, der Kriegsrat H. A. O. Reichard (1751-1828).

Im Haus Nr. 42, der nach dem Gothaer Amtmann Löwe genannten *Löwenburg*, lag Martin Luther vom 1. bis 3. März 1537 darnieder, als er auf dem Schmalkaldischen Konvent an einem Blasensteinleiden schwer erkrankt war und hier sein erstes Testament diktiert hat (heute im Thüringischen Hauptstaatsarchiv Weimar). Erst als ihm Steine abgegangen waren, konnte er erleichtert seine Heimreise über Erfurt nach Wittenberg fortsetzen. Eine Reihe anderer Häuser am Hauptmarkt zeigen noch immer ihre alten

Hausmarken, meist schöne Steinmetzarbeiten in barocken Knorpelwerkkartuschen, so die Häuser Nr. 6 (*Zum Steinkauz*), Nr. 11 (*Zum grünen Hecht*), Nr. 15 (*Zu den zwei Helmen*), Nr. 26 (*Zum Palmbaum*), Nr. 27 (*Haus zum Einhorn*), Nr. 28 (*Zum schwarzen Bären*), Nr. 31 (*Zur Störchin*), Nr. 32 (*Zum Steinbock*). Die Eckhäuser an den Gassen haben noch Spruchsteine aus dem 17. Jahrhundert mit Psalmversen, vermutlich zur Erinnerung an den Wiederaufbau nach dem großen Stadtbrand von 1665. Sie sind kleine Kunstwerke mit ihrer Knorpelwerkeinfassung, die auch an der Marktstraße zu finden sind.

Auf dem Hauptmarkt befinden sich auch zwei Brunnen. Der *Schellenbrunnen* vor dem Brühl ist auf 1723 datiert; auf den vier Tafeln zwischen den Putten mit den wasserspeien-

(30) *Hausmarke „Zum Einhorn" am Hauptmarkt Nr. 27.*

92

den Delphinen erkennt man die Namen Gothaer Bürger, darunter des Stadtarztes und Bürgermeisters Dr. Jacob Waitz (1641-1716). Die Standfigur auf dem Sockel, eine Fama – früher mit einer Fanfare in der Rechten –, hält mit der linken einen Schild, auf dem statt eines Wappens Adam und Eva und ein Mann mit zwei Kindern (wie an der Innungshalle gegenüber) dargestellt sind. Auch der *Löwenbrunnen* (1740) vor dem »Gockelgrill« (Nr. 26) gehört zu den alten Brunnen der Stadt, wobei der Löwe erst nach dem Krieg hierher versetzt wurde, nachdem der St. Gotthard (seit 1888) auf diesem Sockel im Krieg eingeschmolzen worden war. In der Nähe befindet sich auf dem Marktpflaster eine große Natursteintafel mit dem Datum 18. April 1567. Sie erinnert an die Hinrichtung des fränkischen Ritters Wilhelm von Grumbach und seiner Helfer an dieser Stelle (s. Seite 19 f.).

Der Brühl

10

Der Brühl war ein Straßenviertel zwischen dem einstigen Brühler oder Hl. Kreuztor und dem Hauptmarkt, das durch Entwässerung eines nassen Geländes (Bruch) für die Bebauung gewonnen wurde. 1223 ist hier das *Hospital Mariae Magdalenae* bezeugt, eine Schenkung der Gothaer Bürgersfrau Hildegardis, die unter den Schutz der Landgräfin von Thüringen, der späteren Heiligen Elisabeth, gestellt wurde. Im 15. Jahrhundert übernahmen die Lazariten das Hospital, 1525 kam es an die Stadt, und bis 1973/74 hat es als Altersheim gedient. Das heutige Gebäude entstand 1716-19 unter Einbeziehung älterer Bausubstanz als Dreiflügelanlage mit einer barocken Schaufassade. Auf dem Mansarddach ist der herausragende achteckige Turm mit Kuppel und Laterne kürzlich wieder mit Schieferplatten neu gedeckt worden. Die Hospitalkirche im Innern ist ein Zentralbau und wird jetzt von den Siebentage-Adventisten genutzt. Das Haus Nr. 7 gegenüber *Zum König Sahl* (Salomon) galt als eines der ältesten Häuser der Stadt (Ständer-

(31) *Unterer Hauptmarkt zum Brühl mit Straßenbahn, um 1960.*

bau) und ist vor einigen Jahren teilweise abgebrochen worden, nachdem es lange Jahre ungenutzt blieb und daher baufällig geworden war; eine stilechte Rekonstruktion ist vorgesehen.

11   Am Neumarkt

Die Marktstraße führt als Geschäftsstraße mit ihren alten und seit 1990 neuen bzw. neueingerichteten Geschäften zum Neumarkt (70x50 m), der im Mittelalter auch der Kornmarkt war. An seiner Ostseite steht als ein weithin sichtbares Gothaer Wahrzeichen die *Margarethenkirche*. Sie **12** wird 1254 im Zusammenhang mit dem Kreuzkloster der Zisterzienserinnen erstmalig als Parochial-Kiche erwähnt,

(32) *Neumarkt mit Margarethenkirche, um 1930.*

hat aber schon früher bestanden. 1405 wird auch eine Lateinschule an dieser Kirche genannt. Das heutige Gebäude ist 1494-1543 als dreischiffige, spätgotische Hallenkirche mit dem 60 m hohen Turm an der Westseite erbaut worden, nachdem bereits früher die beiden Osttürme abgerissen worden waren. Nach dem Stadtbrand von 1632 wurde sie erneut ausgebaut und 1725/27 restauriert. 1729 erhielt sie ein prächtiges Epitaph, das Herzog Friedrich II. zum Andenken an seinen Großvater Ernst den Frommen errichten ließ, der hier mit anderen Angehörigen beigesetzt ist. Von 1692-95 war Johann Pachelbel (1653-1706) Stadtorganist an der Kirche. Ende September 1812 fand in dieser Kirche unter Leitung des Gothaer Hofkapellmeisters Spohr unter Mitwirkung von Carl Maria von Weber als Pianist sowie Sondershäuser und Rudolstadter Solisten ein zweitägiges Musikfest statt. 1896 wurde hier der erste Gothaer Kirchenchor gegründet. 1908 renovierte man die Margarethenkirche besonders im Chorraum und beiderseits des »Brautportals«, wo die Standbilder von Luther und Melanchthon als Geschenke des Gothaer Bildhauers Christian Behrens (1852-1905) aufgestellt sind. Am Abend des 10. November 1944 wurde die Margarethenkirche durch zwei Luftminen auf dem Neumarkt schwer beschädigt. Bei Restaurierungsarbeiten stieß man 1951/52 auf Fundamente des romanischen Kirchenbaus, ohne daß man diese genauer datieren konnte. Dank der Initiative von Pfarrer Otto Linz, seit 1908 Pfarrer an dieser Kirche, wurde die Kirche in den fünfziger Jahren wieder restauriert und 1955-57 der Turm gesichert und seitdem wieder regelmäßig Gottesdienst gehalten; 1961 wurde eine neue Schuke-Orgel eingebaut. Im Sommerhalbjahr finden hier an Mittwochabenden Orgelkonzerte statt. Anfang Mai 1983 wurde im Turm eine neue Uhr eingebaut, 1988/89 die Glasfenster durch Drahtgitter gesichert. Zur Zeit findet eine grundlegende Restaurierung der Kirche statt.

Von Bomben weniger beschädigt war das Haus am Neumarkt Nr. 6 *Zum Schrapfen* (Striegel, Schaper), das 1666 der Bürgermeister Martin Volckmar auf Fundamenten des

Vorgängerbaues von 1474 erbauen ließ. Im 19. Jahrhundert befanden sich darin die Gastwirtschaft »Zur Stadt Altenburg« und nach einem modernen Umbau im Erdgeschoß bis in die fünfziger Jahre die Konditorei und Café Wollenberger, später als Stadtcafé weitergeführt. Jetzt findet man hier eine Bäckerei und daneben ein Schuhgeschäft. 1960 wurde die Fassade renoviert, da das schöne barocke Rundbogenportal erhalten geblieben war: Es wird von Pilastern mit einem Sprenggiebel und zwei Voluten mit einem Engelskopf darüber flankiert. Das Medaillon enthält zwei Verse aus dem Deuteronomium (Altes Testament) sowie den Namen des Erbauers mit der Jahreszahl 1666. Die Bombenlücken auf beiden Seiten des Neumarktes vor der Margarethenkirche wurden 1965/69 mit Neubauten geschlossen, 1968/69 der Platz vor der Kirche mit einem neuen Brunnenbecken umgestaltet und dabei die Straßenbahn zwischen Arnoldiplatz und Brühl herausgenommen.

(33) *Erfurter Straße am Arnoldiplatz, um 1900.*

Die Erfurter Straße wird von ihren Geschäften und den *ehemaligen Waisenhaus* (Nr. 2) dominiert, das, nach dem Stadtbrand von 1632 als massives Amtshaus erbaut, vor 1703-1830 als Zucht- und Waisenhaus genutzt wurde; 1780 errichtete man im Seitenflügel das erste Lehrerseminar für die ersten Jahre. Von 1863 an diente es bis gegen Ende des 19. Jahrhundert als Gerichtsgebäude, später befand sich eine Polizeiwache mit Gefängnis darin, nach 1948 wurde es Behördenhaus und wird jetzt vom Finanzamt Gotha genutzt. – Auf der anderen Straßenseite liegen das *Kaufhaus Joh* (einst »Conitzer«, dann HO »Magnet« bis Herbst 1990) 1928 in nur achtmonatiger Bauzeit nach einem Entwurf des Gothaer Architekten Bruno Tamme (1883-1964) erbaut, und das *Kaufhaus Horten* (1911/12; früher Heinrich Feldmann, nach 1946 »Konsument«); das frühere *Haus des Herrn* an der Ecke Arnoldiplatz, von dem Gothaer Architekten Prof. Julius Krusewitz (1850-1923) entworfen, ist wieder – wie vor 1945 – Geschäft der Fa. H. Feldmann.

14   Arnoldiplatz und Friedrichstraße

Der Arnoldiplatz – früher Erfurter Platz vor dem Erfurter Tor an der Großen Erfurter Gasse – ist nach dem großen Sohn dieser Stadt, dem Kaufmann und Wirtschaftspolitiker Ernst Wilhelm Arnoldi (1778-1841), benannt worden, dessen vielfältigen und gemeinnützigen Initiativen und Unternehmen Gotha viel zu verdanken hat (s. Seite 42). Deshalb wurde ihm hier 1843 ein *Denkmal* gesetzt, für das viele Gothaer Bürger etwa 3400 Reichstaler gespendet hatten. Da die Kosten des Monuments, das der Gothaer Bildhauer Prof. Leopold Fr. Doell angefertigt hatte, aber nur 1377 Reichstaler betrugen, wurde die übriggebliebene Summe für Schulzwecke verwendet. Das vierseitige Denkmal aus Gothaer Seebergsandstein zeigte das Porträt Arnoldis in einem Marmormedaillon, das heute in einem kleinen

(34) *Kaufhaus Joh, erbaut 1928.*

Denkmal im Berggarten hinter der Klinge erhalten ist, nachdem in den sechziger Jahren der Arnoldiplatz umgestaltet und dabei das alte Arnoldidenkmal abgetragen wurde. Es sollte an anderer Stelle (evtl. in der Bahnhofsstraße) wieder aufgestellt werden, blieb aber lange Zeit verschollen; nur noch Trümmer sind in letzter Zeit wiedergefunden worden. Am 5. Juli 1991 ist ein neues Denkmal aufgestellt worden, das den jungen Arnoldi sitzend darstellt; dieser Bronzeguß ist ein Werk des Hallenser Bildhauers Prof. Bernd Göpel, gestiftet von der Gothaer Lebensversicherungsbank Göttingen, deren Gründer Arnoldi war; auch Spenden Gothaer Bürger haben dazu beigetragen.

An der Westseite des Arnoldiplatzes stand das Theater, das auf Initiative von E. W. Arnoldi 1837-39 von dem Gothaer Hofbaurat Gustav Eberhard (1805-80) unter Verwendung von Entwurfsskizzen des Berliner Baumeisters Fried-

(35) *Arnoldiplatz mit Theater und Arnoldidenkmal, nach 1894.*

(36) *Landestheater 1939.*

(37) *Neues Arnoldidenkmal von 1991.*

rich Schinkel erbaut wurde. Nach einem Umbau konnte es im Parterre mit der Hofloge und auf drei Rängen mit Galerie bis zu 1200 Zuschauer aufnehmen. Im 19. Jahrhundert erstreckte sich die Gothaer Theatersaison jeweils auf das erste Halbjahr, nach der Sommerpause wechselte das Ensemble nach Coburg. Schon vor der Jahrhundertwende gab es hier verbilligte Volksvorstellungen für 50 Pfennig auf allen Plätzen. Zu den Höhepunkten festlicher Aufführungen des Gothaer Theaters zählt u.a. die Uraufführung der Oper »Santa Chiara«, deren Komponist Herzog Ernst II. von Sachsen-Coburg und Gotha war und die Franz Liszt dirigiert hat; diese Oper erlebte später in Paris noch zahlreiche Aufführungen. Am Abend des 3. April 1945 ist das Theater bei einem Angriff amerikanischer Tiefflieger auf benachbarte Flakgeschütze in Brand geraten, der aber nicht gelöscht wurde, so daß das Theater ausbrannte. Erst im Herbst 1958 wurde die Ruine abgerissen und an der Stelle später ein Hochhaus erbaut.

⑮ Das Gebäude der *Hauptpost* ist 1889 errichtet worden und wurde – von einem Postdirektor geleitet – 1907 für den Zustelldienst und 1924 für den Fernsprechverkehr erweitert. Im März 1920 wurde es beim Kapp-Putsch von Arbeiterwehren beschossen und besetzt (Gedenktafel am Haus). Neben der Post stand die 1881/82 im historisch-maurischen Stil erbaute Freimaurer-Loge »Ernst zum Compaß« (1806 gegründet), in der auch verschiedene andere Vereine tagten. Nach 1933 wurde die Loge in »Gildehaus« umbenannt und 1939 abgerissen. An ihrer Stelle entstand das Großkino LIAK (Lichtspiele am Karolinenplatz), dessen Eröffnung Ende 1940 stattfand. 1970-73 wurde es zum Kulturhaus mit Drehbühne und moderner Bühnentechnik ausgebaut (780 Plätze) und erhielt 1985 eine Schuke-Konzertorgel.

⑯ Gegenüber steht das *Gebäude der Deutschen Bank* (1921 bis 1945 und seit 1990), das der aus St. Petersburg gebürtige Gothaer Architekt Ludwig Bohnstedt (1822-85) erbaut hat (1874).

Die Friedrichstraße (Karl-Marx-Str.) durchschneidet den

(38) *Hauptpost und Freimaurer-Loge um 1900.*

einstigen großen *Barockgarten*, der im 18. Jahrhundert von der Orangerie bis an die Steinmühlenallee reichte. Hier wurde von 1708-11 von Oberbaudirektor Wolf Chr. Zorn von Plobsheim das *Schloß Friedrichsthal* als Sommerpalais **17** für Herzog Friedrich II. von Sachsen-Gotha-Altenburg gebaut. Der zweigeschossige Dreiflügelbau mit Mansarddächern und einem Ehrenhof mit Springbrunnen davor verrät französischen Einfluß. Im 19. Jahrhundert diente er zeitweilig als herzoglicher Witwensitz, seit den siebziger Jahren bis 1918 waren hier das Gothaische Staatsministerium und bis 1945 das Landratsamt untergebracht. Dann folgten die Kommandantur Gotha der Sowjetischen Militär-Administration (SMA) und 1958 die Fachschule für Transportbetriebstechnik. Dabei ist durch verschiedene Umbauten die historische Substanz verschiedentlich verändert worden, so daß von der barocken Innenausstattung nur noch Reste erhalten geblieben sind; in den achtziger Jahren sind an den Außenfassaden umfangreiche Erhaltungsmaßnahmen durchgeführt worden.

(39) *Schloß Friedrichsthal (Landratsamt). Farbiges Aquarell von Arthur Rose, um 1932.*

18   Die *Orangerie* gegenüber dem Schloß Friedrichsthal war der obere Teil des einstigen Barockgartens. Die Orangen- und Treibhäuser sind nach Plänen des thüringischen Landbaumeisters Gottfried Heinrich Krohne (1700-42) seit 1742 mit der Gartenanlage errichtet worden; beide Orangenhäuser mit ihrem ovalen Mittelsaal und den chinoisen Dächern lassen Dresdner Architektureinflüsse erkennen. Die beiden nördlichen Gebäude sind erst nach dem Siebenjährigen Krieg unter Krohnes Schüler Johann David Weidner (1721-84) fertiggestellt worden. 1944 wurden die südlichen Häuser durch Bomben schwer beschädigt bzw. ganz zerstört; in den sechziger Jahren ist hier ein »Orangerie-Café entstanden (zur Zeit wegen Restaurierung geschlossen). 1950 zog die 1894 gegründete Stadtbibliothek aus der Gotthardstraße in das nördliche Orangenhaus ein (seit 1953 »Heinrich-Heine-Bibliothek«), später wurde im ehemaligen Treibhaus daneben eine Musikbibliothek eingerichtet (1954). Die heutige Gartenanlage geht auf den Anfang des 19. Jahrhunderts zurück.

Justus-Perthes-Straße

Die Justus-Perthes Straße führt an der 1785 gegründeten *Geographisch-Kartographischen Anstalt Justus Perthes* (seit **19** 1955 Hermann Haack) mit dem Stammhaus von 1856 vorbei, das 1865 mit der Kupferdruckerei vereinigt sowie 1873 erweitert wurde, wozu in den Jahren 1898-1901 Neubauten des Gothaer Architekten Bruno Eelbo (1853-1917) kamen, und führt zum ehemaligen Amts- und Landgericht Gotha (heute *Kreisgericht*). Das neobarocke Gebäude wurde **20** 1895/96 als Dreiflügelanlage nach Plänen der Architekten Hannemann und Reinhold gebaut. Das wuchtige Haus mit

(40) *Tor zur Orangerie.*

einem Haupteingang mit Freitreppe an der Westseite und einem überdachten Nebeneingang auf der Straßenseite präsentiert eindrucksvoll die Rechtspflege der Residenzstadt. Auf der südlichen Rückseite befindet sich der schlichte Backsteinbau des Amtsgefängnisses.

㉑ Augustinerkirche

Westlich des Hauptmarktes ist die Augustinerkirche die bedeutendste Sehenswürdigkeit in der Altstadt. Mitte des 13. Jahrhunderts errichtet und 1258 von den sich hier niederlassenden Augustiner-Eremiten übernommen, ist sie 1366 gotisch umgebaut und mit verschiedenen Heiligenaltären ausgestattet worden. Dabei wurden Klosterbauten erweitert und der Kreuzgang mit seinen Spitzbögen erbaut, in denen abwechselnd Drei- und Vierpässe eingearbeitet sind. Er wurde 1981/82 sorgfältig restauriert. In der Mitte befindet sich das Denkmal für den Gothaer Generalsuperintendenten (seit 1788) Josias Fr. Chr. Löffler (1752-1816), Lehrer und Freund der Brüder Wilhelm und Alexander von Humboldt und Begründer einer Freischule für arme Kinder (1800) im Werkhaus hinter der Margarethenkirche. Das vierseitige Monument aus Seebergsandstein, vermutlich von J. B. Rathgeber geschaffen, durfte erst 1821 nach der Beilegung eines Denkmalsstreits aufgestellt werden. An den Wänden des Kreuzgangs befinden sich die Grabsteine des Gothaer Reformators Friedrich Myconius, des Historikers J. G. A. Galletti und einiger anderer hervorragender Persönlichkeiten sowie eine Gedenktafel für Martin Luther.

Nach dem Abbruch der Marienkirche am Berge wurde 1531 die Augustinerkirche Pfarrkirche. 1676-80 ist sie mit barocken Einbauten – einer Kanzel, zwei Emporen, der Fürstenloge beim Chor, dem Ratsstand und den Gitterstühlen für angesehene Bürgerfamilien –, einem Uhrturm an der Ostseite und dem Portal an der Südseite grundlegend erneuert und am 27. Juni 1680 als St. Salvatorkirche

(41) *Augustinerkirche. Zustand 1990.*

eingeweiht worden. Aber dieser Name hat sich nicht durchsetzen können. 1830 wurden die alten Klostermauern abgebrochen. Das 1845 aufgestellte Altarbild »Kreuzigung Christi«, das der Gothaer Maler Paul Emil Jacobs (1802-66) für die Kirche gemalt und gestiftet hat, mußte 1938/39 bei der Verkürzung des Altarraumes abgenommen werden. 1974/75 fand eine große Restaurierung des Kirchenraumes statt; 1980 wurde der durch Umbauten gewonnene Myconiussaal für die Kirchengemeinde eingeweiht, in dem Vorträge und andere kirchliche Veranstaltungen stattfinden.

Im Herbst 1989 fanden sich zu den wöchentlichen Friedensgebeten in der Augustinerkirche zahlreiche Bürger ein, die sich im Oktober von hier aus zu Demonstrationen von

(42) *Augustinerkirche. Kreuzgang mit Löffler-Denkmal.*

Tausenden durch die Innenstadt mit Kerzen in der Hand formierten und den öffentlichen Dialog mit der sozialistischen Obrigkeit am 29. Oktober auf dem Hauptmarkt erzwangen, mit dem auch in Gotha die große politische Wende begann. Die herausragende Persönlichkeit war dabei der spätere Ehrenbürger Gothas, Superintendent Ekkart Hoffmann.

 Kloster- und Myconiusplatz

Die ehemaligen *Klostergebäude am Klosterplatz* enthalten heute teils Wohnungen, teils Arbeits- und Sitzungsräume für die Kirchgemeinde. Hier war das *Gothaer Gymnasium,* das Myconius 1524 durch die Zusammenlegung der Schulen an der Margarethenkirche und an der Marienkirche gegründet hatte, bis zum Umzug 1865 in die Bergallee untergebracht. Danach zog aus dem ehemaligen Waisenhaus in der Erfurter Straße das Lehrerseminar (bis 1888) hier ein.

Am Myconiusplatz Nr. 2 befindet sich das zweigeschossige Gebäude der *Superintendentur* Gotha (18./19. Jahrhundert). Dahinter steht das einstige *Wohnhaus des Reformators Friedrich Myconius,* wahrscheinlich das älteste in der Stadt, mit einem Keller, dessen Tür die Jahreszahl 1317 trägt. In diesem Haus soll in Zusammenarbeit mit dem Museum für Regionalgeschichte eine Myconius-Gedenkstätte eingerichtet werden. – Im Zentrum des Myconiusplatzes steht der barocke *Fortuna-Brunnen,* der Ende der sechziger Jahre vom umgestalteten Neumarkt hierher versetzt worden ist.

Bürgeraue   **23**

Die *Myconiusschule* (Bürgeraue Nr. 23) ist 1865 vom Gothaer Baurat Bruno Eberhard († 1900) als Bürgerschule gebaut worden, die 1884 eine höhere Töchterschule aufnahm (seit 1913 Lyzeum). Als 1940 die Arnoldischule Lazarett wurde, gingen deren Schüler hier zum Schichtunterricht. Nach dem Krieg wurde sie Grund- und später Polytechnische Oberschule (POS bis 1991), jetzt Regelschule. 1912 wurden an der Jüdenstraße ein niedriger Anbau für Fachkabinette mit eigenem Portal und eine Turnhalle angebaut (Architekt: Alfred Cramer). 1971-73 erfolgte eine durchgreifende Renovierung der Schule. Die früher in der Aula angebrachten Gemälde »Die Jahreszeiten« von Paul Emil Jacobs sind nach dem Krieg abgenommen worden.

Die *ehemalige Kaserne* an der Bürgeraue Nr. 2 mit dem ein Hektar großen Exerzierplatz davor ist 1843-45 nach dem Entwurf des Hofbaurates Gustav Eberhard errichtet worden. Hier war die Gothaer Garnison, später das I. Bataillon des 6. Thüringischen Infanterie-Regiments Nr. 95 untergebracht. Nach 1918 war das Gebäude Landespolizeikaserne bis zum Kriegsbeginn 1939, als ein Feld-Ersatz-Bataillon einzog. Von 1956 an wurde diese Kaserne von einer Mot-Schützen-Einheit der Nationalen Volksarmee benutzt und 1981 für die zivile Nutzung freigegeben. Seitdem befinden sich hier u. a. ein Baubetrieb und das Kreis- und Stadtarchiv (Eingang Gadollastraße).

Im einstigen Gassen- oder Pestviertel zwischen Bürgeraue und Hauptmarkt, das anfangs der achtziger Jahre abgerissen wurde, sind noch zwei *Waidhäuser* an der Grethengasse (hinter dem Hauptmarkt Nr. 36) sowie hinter dem Hauptmarkt Nr. 45 (Baujahr 1577) erhalten. Das erste ist als dreigeschossiger Massivbau mit Satteldach und einem kleinen Rundbogentor zu sehen. Seine Fenster im Erdgeschoß haben spätgotische Vorhangbögen und eiserne Läden. Neben einem (Steinmetz-?)Zeichen sind die Initialen H. S. (Hans Sorge) und das Jahr 1576 als Hausmarke vorhanden. Ähnlich ist auch das andere Waidhaus gebaut; beide sind Zeugen für den einträglichen Waidhandel der Gothaer Kaufleute im Spätmittelalter.

Bergallee

An der Burgfreiheit/Ecke Bergallee steht auf hohem Sockel ein *Obelisk* mit Palmettenornament und Lorbeerkranz. Die Inschrift gilt »Dem verdienten Mitbürger, dem Maler Paul Emil Jacobs«, darunter zeigt ein Bronzemedaillon den Reliefkopf des Malers. Das Denkmal ist dem Gothaer Architekten Ludwig Bohnstedt (Entwurf) zu verdanken.

(24) An der Bergallee Nr. 8 steht das ehemalige *Gymnasium Ernestinum,* seit 1966 Polytechnische Oberschule »Albert Schweitzer« und seit Herbst 1991 wieder Gymnasium. Der dreigeschossige Hauptbau mit dem Mitteltrakt unter einem Dreiecksgiebel und der Freitreppe vor dem dreiteiligen Eingang wurde 1837/38 als eines der ersten Realgymnasien in Deutschland mit naturwissenschaftlichem Lehrsaal und Fachkabinetten vom Baurat Gustav Eberhard projektiert, nachdem eine Bürgerinitiative 1835 die Gründung dieses

Gymnasiums erreicht hatte. 1864 folgte der erste Erweiterungsbau an der Westseite durch Bruno Eberhard, danach konnte dann das alte Gymnasium, seit 1859 bereits organisatorisch mit dem neuen Realgymnasium vereint, aus dem alten Gebäude am Klosterplatz hier einziehen; 1883 wurde noch ein weiterer Flügel mit der Aula angebaut. Zwei Gedenktafeln am Eingang erinnern an zwei von vielen bedeutenden Lehrern dieses Gymnasiums: Der eine war der Begründer der modernen Geomagnetik, Prof. Dr. Adolf Schmidt (1860-1944), der andere der Naturwissenschaftler und utopisch-wissenschaftliche Schriftsteller Prof. Dr. Kurd Laßwitz (1848-1910), dessen phantastische Romane und Erzählungen in zehn Sprachen übersetzt wurden. 1947 kam das Ende dieses Gymnasiums, und 1954 zog hier u. a. eine Grundschule, später die Polytechnische Oberschule II ein. Das Gebäude wurde in den siebziger und achtziger Jahren restauriert und so vor dem Abbruch bewahrt. Die umfangreiche wissenschaftliche Bibliothek des Gymnasiums war nach Kriegsende der Forschungs- und Landesbibliothek Gotha übereignet worden.

Ganz in der Nähe steht am Brahmsweg die von Efeu überwachsene *Studnitz-Pyramide* im ummauerten Halbrund (1790), in welcher der Steinsarg des Gothaer Oberhofmarschalls Hans Adam von Studnitz (1711-88) aufgestellt ist.

Hinter dem Gymnasium steht die *ehemalige Löfflerschule* (Volksschule), die, 1892 als Backsteinbau errichtet, nach dem letzten Krieg Berufsschule wurde und den Namen der Graphikerin Käthe Kollwitz erhielt (1867-1945).

Nicht weit entfernt davon steht an der Straße Am Tivoli/Ecke Cosmarstraße das frühere *Tivoli,* in dem vom 22.-27. Mai 1875 im »Kaltwasserschen Saal« (nach der Besitzerin des »Tivoli« benannt) der Vereinigungskongreß der Sozialdemokratischen Arbeiterpartei August Bebels (1840-1913), den »Eisenachern«, und des Allgemeinen Deutschen Arbeitervereins (Lassalleaner) zur Sozialistischen Arbeiterpartei Deutschlands stattfand. 1954 richtete man das Haus mit dem Versammlungssaal im ersten Stock als Gedenkstätte der deutschen und internationalen Arbeiterbewegung ein, die zum 100. Jahrestag 1975 renoviert und Museum wurde. Die Kritik von Karl Marx am »Gothaer Programm«, erst 1890 veröffentlicht, hat den Namen Gothas in der internationalen Arbeiterbewegung weltweit bekannt gemacht.

An der Reinhardsbrunner Straße Nr. 19 steht die *Theodor-Neubauer-Schule,* die 1887/88 als Herzog-Ernst-Seminar für die Ausbildung von Volksschullehrern erbaut worden ist. Architekt war der damalige Direktor der Gothaer Bauschule, Baurat Carl Griebel. Der dreigeschossige Backsteinbau, der seine Umgebung weithin sichtbar überragt, ist durch Seiten- und einen Mittelrisalit mit breitem Portikus und Balkon sowie einer Freitreppe davor gegliedert. Er beherbergte von 1921 bis 1945 eine vierklassige Deutsche Aufbauschule mit Internat; nach 1945 zogen hier eine Grund- und in den sechziger Jahren die zehnklassige Polytechnische Oberschule ein, jetzt eine Regelschule. Außerdem hat seit einigen Jahren die Musikschule Gotha »Louis Spohr« hier ihren Sitz. Theodor Neubauer, nach dem die Schule benannt ist, war Pädagoge, kommunistischer Reichstagsabgeordneter und Leiter einer über Thüringen verzweigten antifaschistischen Widerstandsgruppe. Er wurde am 5. Februar von den Nationalsozialisten in Brandenburg hingerichtet.

Westlich davon (Reinhardsbrunner Straße 23) befindet sich seit 1954 der Sitz des *Landessinfonieorchesters Gotha,* das im Spätsommer 1951 aus dem künstlerischen Ensemble des aufgelösten Landestheaters Gotha-Eisenach gegründet worden war. Die Ende des vorigen Jahrhunderts erbaute zweistöckige, palastartige Villa mit einem Saalanbau war von 1905 an Dienstwohnung gothaischer Staatsminister, seit 1934 Mädchenheim der benachbarten Aufbauschule und von 1947 bis 1954 Kulturhaus der »Gesellschaft zum Studium der Kultur der Sowjetunion«.

Das (alte) *Stadtbad* an der Bohnstedtstraße ist 1906/08 von dem Gothaer Stadtbaurat Wilhelm Goette (1873-1927) projektiert worden. Der Mittelbau des dreigeschossigen

Gebäudes hat im Zentrum die Schwimmhalle, in den beiden Seitenflügeln mit den pavillonartigen Eckbauten befinden sich Wannenbäder und ein irisch-römisches Dampfbad. Die dekorative Fassade, im Erdgeschoß mit Naturstein verkleidet, ist besonders im Mittelrisalit mit dem Rundbogenportal und dem Freitreppenaufgang davor im besten Jugendstil gestaltet. Seit einiger Zeit ist das Stadtbad wegen seiner problematischen Restaurierung geschlossen, so daß schwimmfreudige Besucher die neue Schwimmhalle in der nahen Karl-Schwarz-Straße aufsuchen müssen.

Arnoldischule 25

Hinter dem Stadtbad steht an der Eisenacher Straße die »Arnoldischule«, früher Oberreal-, nach 1945 erweiterte Oberschule (EOS mit Abiturabschluß) und von Herbst 1991 an Gymnasium. Der fünfgeschossige Zweiflügelbau

(43) *Arnoldi-Realschule um 1929.*

wurde 1909/11 im Jugendstil nach Plänen des Stadtbaurats Goette errichtet. Der Nordflügel enthält die Fachschulräume und -kabinette und im obersten Geschoß den Festsaal mit einer kleinen Bühne und Orgel an der Westseite sowie einer Zuschauerempore an der Ostseite mit Zugang zur viergeschossigen Wendeltreppe; auf dem Mansarddach ist ein Kuppelbau mit der Schulsternwarte aufgesetzt. Im stumpfwinkligen Knick ist der Westflügel mit den Unterrichtsräumen und einem Treppenaufgang angeschlossen, zu denen vom Nordflügel ein geräumiges Treppenhaus führt. Im Winkel beider Flügel befindet sich der hofseitige Haupteingang mit hoher Freitreppe; über dem Jugendstilportal und dem großen Fenster der Pförtnerloge ist ein Athene-Relief zu sehen. Im Südosten des Schulplatzes steht hinter dem Stadtbad die zweigeschossige Turnhalle mit Mansardwalmdach und großen Fenstern; im Turnsaal ist eine umlaufende Empore mit zwei Treppenaufgängen angebracht.

26   Bauschule

Die »Bauschule« am nahen Trützschlerplatz wurde 1910/11 nach den Plänen ihres Dozenten, des Baurates Alfred Cramer (1872-1938) errichtet, der noch vor 1914 eine Reihe weiterer großer Häuser in der Stadt gebaut hat. Das Gebäude war der Neubau für die schon seit 1805 bestehende »Schule für Bauhandwerker« und spätere Baugewerbeschule, seit 1948 Fach- bzw. Ingenieurschule für Bauwesen, deren Anschluß an eine Fachhochschule zur Diskussion steht. Einige ihrer Direktoren und Dozenten haben als praktische Architekten mit ihren Bauten vor 1945 das Gothaer Stadtbild mitgeprägt. Der zwei- und viergeschossige Bau steht auf einem Hang zwischen der Eisenacher Straße und dem Trützschlerplatz, auf den die Fassade des Hauptflügels mit breitem Mittelrisalit und dreiteiligem Giebelfeld mit Uhr gerichtet ist. Vor dem Rundbogenportal, das von zwei Säulenpaaren auf Sockeln flankiert wird,

(44) *Ingenieurschule für Bauwesen um 1930.*

führt eine Freitreppe mit zwei Auffahrten zum Eingang. Der östliche Seitenflügel schließt sich rechtwinklig zum zweigeschossigen Nordflügel an der Eisenacher Straße an, der mit fast gleichem Eingang das kleinere Gegenstück zum Hauptflügel bildet. Die mansardähnliche Dachzone enthält bei allen Flügeln große dreiteilige Fenster, hinter denen die Konstruktionssäle liegen. Im Innern führt ein großes Treppenhaus mit zweiseitigen Aufgängen zu den Unterrichtsräumen, über der Eingangszone befindet sich in der ersten Etage die Aula. Dieses Gebäude ist der schönste Schulbau der Stadt.

Gemeindehaus »Versöhnungskirche«

Am westlichen Stadtrand ist 1984 außerhalb des Neubaugebietes das Gemeindehaus »Versöhnungskirche« an der Syltenstraße errichtet worden, das neben dem Kirchsaal auch die Pfarrerwohnung sowie kleinere Räume für die Gemeindearbeit enthält. Hier haben im Winter 1989/90 die politischen Gespräche am »Runden Tisch« stattgefunden, die zur demokratischen Erneuerung Gothas wesentlich beigetragen haben.

28

Freundwarte

Die Freundwarte auf der Trügleber Höhe (365 m ü. NN) an der Eisenacher Straße zählt zu den äußeren Wahrzeichen der Stadt. Der fünfgeschossige, etwa 20 m hohe Turm

(45) *Freund-Warte bei Gotha (1924).*

mit seinem Spitzdach über dem Umgang war einst mit der Gaststätte daneben ein beliebter Ausflugsort, zumal sich von dieser Höhe ein schöner Panoramablick auf Gotha und den westlichen Thüringer Wald mit dem Inselsberg bietet. Nach dem Krieg hat die Volkspolizei das Grundstück besetzt, um hier ihre Hundestaffeln auszubilden. Der Name des Turmes erinnert an den Gothaer Senator und Ehrenbürger Johann Ehrenfried Freund (1834-1903), der den größten Teil seines Vermögens der Stadt für soziale Zwecke hinterließ, u. a. für den Bau des Stadtbades und eines neuen Aussichtsturmes, und die Aufforstung der Trügleber Höhe zwischen Freundwarte und Krahnberg betrieben hatte.

Jüdischer Friedhof   **29**

An der Eisenacher Straße befindet sich an der Ecke zur »Klinge« der jüdische Friedhof mit rund 150 Grabsteinen aus der Zeit von 1878 bis 1938. Die israelitische Gemeinde Gothas hatte 1867 das Grundstück gekauft und 1870 eröffnet. 1886 wurde eine Leichenhalle eingeweiht, die in den frühen siebziger Jahren von Unbekannten zerstört wurde. Seit 1980 wird der Friedhof von der evangelischen Jugendgemeinde im Rahmen der »Aktion Sühnezeichen« vom Wildwuchs befreit und gepflegt, 1988 wurde ein Gedenkstein für die ermordeten jüdischen Bürger gesetzt.

Rohrbach-Sternwarte   **30**

Am Galbergsweg Nr. 6 überragt die Rohrbach-Sternwarte weithin sichtbar ihre Umgebung. Der Gothaer Schuldirektor und Naturwissenschaftler Prof. Dr. Karl Rohrbach d. J. (1861-1932) ließ sich 1904/05 auf dem väterlichen Grundstück das sechsgeschossige Haus mit dem siebengeschossigen Treppenturm, der zur 35 m hohen Kuppel führt, als ersten Eisenbetonbau in Thüringen bauen. Dessen Konstruktion als drehbare Kuppel mit verschiebbarer Metalljalousie haben später die Zeisswerke in Jena für die dort hergestellten Observatorien übernommen. Rohrbach hat auch Logarithmentafeln für den mathematischen Unterricht und Sternkarten für die Aufzeichnung astronomischer Beobachtungen herausgegeben.

Wo sich einst die alten Gothaer Friedhöfe II bis IV mit den Gräbern bedeutender Gothaer des 17. bis 19. Jahrhunderts befanden, ist an der Karl-Schwarz-Straße in den siebziger Jahren ein Studentensportplatz und 1985/86 eine neue *Schwimmhalle* gebaut worden.

31 Stadthalle

Die Stadthalle an der Goldbacher Straße hinter dem Rummelplatz war als »Schießhaus« der Schützengesellschaft bis 1945 ein beliebter Versammlungs-, Musik- und Ballsaal, dies auch nach dem Krieg als »Klubhaus der Einheit«. 1823/24 wurde der Bau errichtet, als sich der Gasthof »Zum Schützen« am Schützenberg als zu klein erwies. Hinter dem neuen »Schießhaus« errichtete die Gothaer Altschützengesellschaft auch ihren Schießplatz. Im Juli 1861 wurde hier das Erste Allgemeine Deutsche Schützenfest mit der Gründung des Deutschen Schützenverbandes unter der Schirmherrschaft Herzog Ernsts II. von Sachsen-Coburg und Gotha gefeiert. Nach der Schlacht bei Langensalza im Juni 1866, bei der die von preußischen Truppen eingeschlossene hannoversche Armee kapitulieren mußte, diente das Schießhaus als Lazarett. Am 27. August 1881 wurde es mit dem durch einen Umbau erweiterten Saal wieder festlich eingeweiht. Bei einem nächtlichen Luftangriff am 9. Juli 1941 wurde es erheblich beschädigt. Im April 1946 fand hier die umstrittene Vereinigung der Thüringer KPD und SPD zur SED statt, nachdem das Haus restauriert und der alte Name beseitigt worden war; auch die Altschützengesellschaft war verboten worden. Zwar gab es seit 1978 wieder Schützenfeste mit Schützenkönigen, aber

(46) *Gotha-West. Sternchenbrunnen mit Blick auf die Rohrbach-Stern-warte.*

erst 1990 konnte sich die Gothaer Altschützengesellschaft 1442 e.V. neu konstituieren, um die alte Gothaer Schützentradition fortzusetzen. Im Juli 1991 wurde auch die Büste ihres Gründers Albert Sterzing (1822-89) als Denkmal an der Stadthalle wiederaufgestellt.

(32) ## Lutherschule

Die Lutherschule (Schützenallee/Hohe Straße) ist 1876 erbaut und als »Höhere Bürgerschule« eröffnet worden. Zusammen mit Volksschulklassen bestand sie dann von 1882 bis 1911 als »Arnoldischule« und als Lutherschule bis 1984, als sie von der neuen POS in der nahen Wilhelm-Bock-Straße abgelöst wurde. Jetzt hat u. a. auch die Kreisvolkshochschule hier ihren Sitz.

(33) ## St.-Bonifatius-Kirche

An der Moßlerstraße – benannt nach dem Gothaer Senator und Ehrenbürger Gottfried Moßler (1844-1927) – steht unterhalb der Schützenallee die katholische St. Bonifatiuskirche, erbaut nach dem Plan des Gothaer Baurats Gustav Eberhard im romanisierenden Stil und am 19. Oktober 1856 eingeweiht; 1858 folgte das untere Backsteingebäude als ehemalige katholische Schule. In den achtziger Jahren unseres Jahrhunderts ist hier auch eine moderne Priesterwohnung dazu gekommen.

(34) ## Synagoge

An der Moßlerstraße/Ecke Lenaustraße stand die Synagoge der israelitischen Kultusgemeinde – so die damalige Benennung – , die 1903/04 nach dem Entwurf des Gothaer Architekten Richard Klepzig auf quadratischem Grundriß im neoromanischen Stil errichtet wurde. Unter

(47) *Synagoge (1904–38).*

großer Beteiligung der Öffentlichkeit sowie in Anwesenheit des gothaischen Staatsministers, des Oberbürgermeisters und seines Stadtrates und von Vertretern der Gothaer Geistlichkeit wurde sie am 11. Mai 1904 feierlich eingeweiht. Am Abend des 9. November 1938, der »Reichskristallnacht«, wurde das jüdische Gotteshaus von SA-Trupps in Brand gesteckt und etwa 50 jüdische Bürger in »Schutzhaft« verschleppt. Im März 1939 brach man die ausgebrannte Ruine – auf Kosten der jüdischen Gemeinde! – ab. Lange Zeit diente dann das ungenutzte Grundstück gelegentlich als kleiner Parkplatz, bis 1981/82 hier neue Wohnhäuser errichtet und 1989 ein stahlgeschmiedetes Symbol mit einer Tafel als Denkmal für die einstige Gothaer Synagoge und als Mahnmal an die Judenverfolgung im Dritten Reich aufgestellt wurde.

Auf früher gärtnerisch genutztem Grundstück sind 1978 in der Breiten Gasse 5 neue Gebäude für die Pädagogische Schule für Kindergärtnerinnen gebaut worden. Die Ausbildung von Kindergärtnerinnen geht in Gotha auf eine über 130jährige Tradition zurück, als 1859 der Pädagoge August Köhler (1821-79) ein privates Kindergärtnerinnen-Seminar gegründet hat.

35 Hauptfriedhof

Am Ende der Langensalzaer Straße befindet sich der Gothaer Hauptfriedhof, der 1878 mit dem ersten deutschen Krematorium als Friedhof V parkähnlich angelegt worden ist. Am 10. Dezember fand hier die erste Feuerbestattung statt. Zwischen der Trauerkapelle des Krematoriums und dem Arbeitsflügel der Friedhofsverwaltung steht die Urnenhalle, ein Halbrundbau mit einem Glasdach auf einer Stahlträgerkonstruktion. Auf einem schlichten Podest ist die Urne der hier eingeäscherten österreichischen Friedensnobelpreisträgerin Bertha von Suttner (1843-1914) aufgestellt. Gegenüber befinden sich zwei neoklassizistische Tempel, die mit einer Kolonnade verbunden sind und den Vorplatz nach Osten hin abschließen. Auf dem Friedhof findet man auch eine Reihe sehenswerter Grabmäler, z. T. für bedeutende Gothaer Bürger, aus der Zeit vor 1945.

(48) *Urnenhalle im Krematorium (1960).*

36 Marstall

Der Marstall an der Parkallee ist das an dieser Straßenkreuzung herausragende Gebäude, das 1847 aus Gothaer Seebergsandstein von Gustav Eberhard im Stil der Neorenaissance erbaut wurde. Der Nordflügel, dessen zweistöckiger, überhöhter Mittelbau mit einem vierstöckigen, wuchtigen Turm mit Zinnenkranz versehen ist, hat als ehemaligen Haupteingang ein Rundbogenportal mit dem sächsischen Rautenkranzwappen darüber. In diesem Gebäudeteil befinden sich die Reithalle und die Stallungen, die heute noch pferdesportlich genutzt werden. Zwischen den Weltkriegen gab es hier einen Reiterverein und eine Reit- und Fahrschule; die Reitbahn liegt hinter dem Marstall. Der Westflügel enthält Wohnungen, der Ostflügel verschiedene Einrichtungen bzw. Ämter.

37 Prinzenpalais

Gegenüber steht an der Mozartstraße das einstige Prinzenpalais, seit 1950 »Klubhaus der Jugend«. Es wurde 1776 nach einem Plan des Geheimen Rats Hans Wilhelm von Thümmel (1744-1824) erbaut und war Wohnsitz des Prinzen August (1747-1806), des Bruders des regierenden Herzogs Ernst II. Der Prinz hatte als General im holländischen Dienst gestanden und sich dann nach Gotha zurückgezogen. Er stand in enger Freundschaft mit Goethe und korrespondierte von hier mit den Weimarer Zeitgenossen, vor allem mit Herder. Er sympathisierte auch stark mit der Französischen Revolution, deren Verlauf er im »Journal de Paris« und in der deutschen Presse verfolgte und bei der er sich mehr als Bürger denn als Fürst fühlte. Nach seinem Tode bewohnte sein Neffe Herzog August bis 1822 und danach Herzog Friedrich IV. das Palais. Es ist zweigeschossig mit hohen Fenstern im klassizistischen Stil errichtet worden. Die Vorderfront ist durch ein breites Mittelrisalit mit Dreiecksgiebel in der Dachzone und drei portalartigen

(49) *Prinzenhalle mit Pagenhaus und Bismarck-Denkmal. Zustand vor 1914.*

Türen gegliedert, zu denen eine Freitreppe führt. Im Innern gibt es Gesellschaftsräume mit Vestibül und einem Saal an der Rückseite. 1838 war das Obergeschoß teilweise ausgebrannt, wurde aber bald wieder restauriert; denn seit 1826 war es das Gästehaus für fürstliche Besucher. In dem parkähnlichen Garten hinter dem Palais, das nach 1945 mehrfach renoviert wurde, befindet sich ein mit Figurenreliefs (Genien) geschmücktes, dreiseitiges Monument, das der Gothaer Hofbildhauer und Schadow-Schüler Johann Balthasar Rathgeber (1770-1845) angefertigt hat (1824).

Dem ehemaligen Palais angeschlossen ist durch einen Zwischenbau das alte Kavaliers- oder Pagenhaus an der Schönen Allee, das für die Dienerschaft erbaut wurde. Heute ist der zweigeschossige, verputzte Fachwerkbau mit ausgebauter Mansardetage vom Ende des 18. Jahrhunderts eine Jugendherberge (seit 1950). Architekt dieses Hauses

125

war der Gothaer Ingenieuroffizier Christoph Besser (1724-1800), der auch die erste Dampfmaschine in Thüringen konstruiert hat, die bis 1773 in Mühlberg bei Gotha eine Bergwerks-Wasserpumpe antrieb. Die Jugendherberge hat in neuerer Zeit an der Ostseite einen eingeschossigen Küchenanbau erhalten und ist 1974/75 modernisiert worden.

38 »Porzellanschlößchen« (Haus der Kinder)

Der Jugendherberge gegenüber steht an der Ecke Schöne Allee/Friedrichstraße das »Haus der Kinder«, wie es jetzt heißt. Der Bau mit dem großen Seitenflügel ist 1912 von dem Architekten Richard Klepzig als Villa für den jüdischen Gothaer Prozellanfabrikanten Julius Simson erbaut worden und wurde deshalb im Volksmund »Porzellanschlößchen« genannt. Das zweigeschossige Gebäude hat an der Schönen Allee das Eingangsportal, das von Halbsäulen aus Sandstein flankiert wird. Das Treppenhaus ist teilweise mit farbigem Marmor ausgekleidet und an der Decke mit Stuckornamenten (Ovale mit Figuren) verziert. Die Hauptfront ist durch einen balkonartigen Vorbau mit vier Halbsäulen und auch durch das Mansarddach reich gegliedert. Nach der »Arisierung« 1939 waren hier u.a. ein Büro des NSFK (Flugsportgruppe), 1946-50 ein Jugendheim und bis 1989 das »Haus der Jungen Pioniere« untergebracht. Heute dient es kulturinteressierten Schülern als vielfältiges Freizeitzentrum mit abwechslungsreichen Programmen.

39 Reyherschule

An der Mozartstraße wurde 1899/1900 die Reyherschule als massiver Backsteinbau mit 32 Schulzimmern errichtet, die in eine Knaben- und eine Mädchenschule mit jeweils eigenem, von Sandsteinsäulen flankiertem Portal geteilt war. Dazu kam an der Ostseite eine kleine Turnhalle. Der Schulname erinnert an den Gothaer Pädagogen und Rektor

Andreas Reyher (1601-73), der unter Herzog Ernst dem Frommen das Schulwesen im Gothaer Land zum Teil noch während des Dreißigjährigen Krieges und in den schweren Nachkriegsjahren erfolgreich neu aufgebaut hat, wobei auch pädagogisches Gedankengut von J. A. Comenius und W. Ratke zugrunde gelegt wurde. Auch der Chor dieser Schule trägt Reyhers Namen.

»Versicherungsviertel« Bahnhofstraße ④⓪

An der Bahnhofstraße Nr. 4 steht das früher *Villa Albany* genannte Stammhaus der Gothaer Lebensversicherung (1850-94). Das zweigeschossige Sandsteingebäude mit den beiden Seitenrisaliten mit Balkons am ersten Stockwerk (Architekt Hofbaurat Gustav Eberhard) war nach dem Ersten Weltkrieg ein Wohnhaus mit zwei Arztpraxen. Nach der Wende 1989 hat der Vorstand der »Gothaer« das Haus wieder übernommen und läßt es bis Anfang 1992 nach den Bauplänen von 1850 für seine Gothaer Repräsentanz restaurieren.

An der anderen Seite steht als Haus Nr. 3 ein zweites Versicherungsgebäude, 1894 bis 1945 Direktionsgebäude der *Gothaer Lebensversicherungsbank*. Es ist von dem Architekten Bruno Eelbo (1853-1917), einem Schüler von Ludwig Bohnstedt, projektiert worden. Die Fassade ist nach dem damaligen Zeitgeschmack reich mit Pilastern und Säulen gegliedert, der Figurenschmuck – Freude und Trauer – des stark plastisch gestalteten Mittelteils stammt von dem Bildhauer A. Lehnert. Die Innenausstattung, vor allem der Sitzungssaal, ist immer noch reich und eindrucksvoll. Nach dem Krieg hatte hier in den ersten Jahren die Landesversicherungsanstalt (LVA) Thüringen, später die Kreisdirektion der staatlichen Versicherung ihren Sitz, die nach der Wende von der Gothaer Direktion der Allianz-Deutsche Versicherungs-AG abgelöst wurde. Der Erweiterungsbau an der Südseite ist 1921/23 dazugekommen.

Die übrigen ehemaligen *Bankgebäude in der Bahnhof-*

(50) *„Villa Albany", Stammhaus der Gothaer Lebensversicherung.*

straße – Nr. 5a (ehemals Deutsche Grundkreditbank) und Nr. 12 (ehemals Feuerversicherungsbank) – hat Ludwig Bohnstedt 1868 und 1872-74 entworfen. Von ihm stammt auch die Gestaltung der breiten Bahnhofsstraße mit ihren Vorgärten zu einer repräsentativen Allee vom Bahnhof in die Stadt mit dem Rondell an der Kreuzung Stieler-/Bebelstraße. Bohnstedt hat sich durch seine zahlreichen Bauten auch außerhalb Deutschlands, nicht zuletzt mit seinem preisgekrönten Entwurf im ersten Wettbewerb für das Berliner Reichstagsgebäude (1872), großes Ansehen erworben. Die Bankgebäude wurden seit 1949 durch die aus Kipsdorf (Erzgebirge) verlegte Finanzschule – jetzt Bildungszentrum der Thüringer Steuerverwaltung mit Landesfinanzschule – genutzt, die hier 1959 ein neues Gebäude mit Internat dazu bekam.

An der August-Bebel-Straße Nr. 10 steht das Gebäude der früheren Gothaer Bezirksdirektion der *Feuerversicherungsbank,* ein dreigeschossiger Backsteinbau des späten 19. Jahrhunderts, der zu dem Versicherungsviertel an der Bahnhofstraße gehört. Als Gotha nach 1918 keine Residenzstadt mehr war, wurde sie »Stadt der Banken und Versicherungen« genannt; denn hier hatten damals zehn Banken und rund 20 Versicherungen ihre Direktionen, Agenturen und Vertretungen.

Neue Sternwarte **42**

An der Jägerstraße Nr. 7 befindet sich die »Neue Sternwarte« auf dem Gelände der ehemaligen Hofschmiede. Sie war 1857-59 als Neubau unter Leitung von Hofbaurat Gustav Eberhard vom Hofbaumeister Robert Scherzer mit Seebergsandstein errichtet worden, nachdem auf der 1788-91 erbauten Seeberg-Sternwarte schon 1839 der Betrieb eingestellt worden war. 1859 nahm hier der international bekannt gewordene Astronom und Geodät Peter Andreas Hansen (1795-1874), der schon seit 1825 Sternwartendirektor war, seine astronomischen Beobachtungen in dem oktogonalen Turm hinter dem Wohnhaus auf (Gedenktafel am Südeingang des Turmes). Als der letzte Direktor (seit 1906) Prof. Dr. Ernst Anding (1860-1945) im Jahr 1934 in den Ruhestand trat, hatte auch hier der astronomische Betrieb ein Ende; die Instrumente gingen an die Universitätssternwarte Jena, an das Gothaer Museum und nach München, ein Repsold-Äquatorial (Fernrohr, 1860) erhielt die Arnoldischule.

Hauptbahnhof **43**

Der Hauptbahnhof Gotha ist ein Knotenpunkt von Eisenbahnlinien, die hier aus vier Richtungen zusammentreffen. Ihre Vorgeschichte reicht bis 1840 zurück, als auf Friedrich

Lists Initiative die Regierungen von Sachsen-Weimar, Sachsen-Coburg und Gotha sowie Sachsen-Meiningen einen thüringischen Eisenbahnverein gründeten und am 20. Dezember 1841 einen Staatsvertrag über den Bau einer Bahn durch Thüringen abschlossen. Am 8. August 1844 kam es zur Gründung der privaten »Thüringischen Eisenbahngesellschaft«, die kurz darauf die Konzession für den Bahnbau erhielt. Im Oktober wurden die ersten Spatenstiche für die Strecke Halle-Weißenfals getan. Die Strecke Gotha-Erfurt (28 km) wurde am 10. Mai 1847, die Weiterführung nach Eisenach (29 km) am 24. Juni eröffnet. Dazu war der Bau des Viaduktes östlich vom Bahnhof über das Tal des Wilden Grabens (geologisch das Urstromtal der Apfelstädt) erforderlich, der 1914/15 verbreitert wurde; 1992 wird der Viadukt durch eine Zweikasten-Spannbetonbrücke ersetzt, die das Befahren der Zügen mit hohen Geschwindigkeiten erlaubt. 1882 ging die Thüringische Eisenbahn entschädigungslos in preußischen Staatsbesitz über, davon 75 Streckenkilometer im Herzogtum Gotha. Zu der heute dicht befahrenen Hauptstrecke Berlin-Erfurt-Gotha-Frankfurt a. M. kam 1870 die Bahnverbindung nach Langensalza-Mühlhausen (Eröffnung am 11. April, 40 km), die dann bis Leinefelde weitergeführt wurde (3. Oktober, 27 km). Dazu wurde 1893 der Bahnhof Gotha-Ost an der Kindleber Straße eingerichtet. Am 8. Mai 1876 wurde die Bahnlinie nach Ohrdruf (17 km) eröffnet, an die 1892/93 in Georgenthal eine Stichbahn nach Tambach-Dietharz (jetzt nur noch Güterverkehr) angeschlossen wurde.

1847 ist auch das Bahnhofsgebäude sowie ein Lokomotiv- und Wagenschuppen gebaut worden. Der dreigeschossige Mittelbau des Empfangsgebäudes mit Giebel zur Stadtseite wurde von zwei niedrigen Seitenflügeln flankiert. Anfang des 20. Jahrhunderts wurden der Mittelbau durch einen gut angepaßten Vorbau mit Freitreppe zum Bahnhofsvorplatz und dabei auch die große Eingangshalle erweitert und das Bahnhofsrestaurant in den Westflügel verlegt (heute Baracke). Am 6. Februar 1945 wurden der Bahnhof und die nächste Umgebung durch einen Bombenangriff schwer be-

(51) *Hauptbahnhof mit Fußgängerbrücke um 1880.*

schädigt, der Westflügel dabei ganz zerstört und nicht wieder aufgebaut.

Der Bahnhofsvorplatz war vor dem Krieg von einigen Hotels umgeben, wobei das frühere Hotel »Herzog Ernst« von den HO-Gaststättenbetrieben als »Bahnhofshotel« genutzt, später aber aufgegeben wurde; nur das »Waldbahn-Hotel« an der August-Bebel-Straße ist geblieben. Der Bahnhofsvorplatz ist der Ausgangspunkt für die am 12. Mai 1894 eröffnete elektrische Straßenbahn für den innerstädtischen Verkehr bis zur Waltershäuser Straße (Gleisschleife am Bahnhof von 1964) und für die am 17. Juli 1929 eröffnete Thüringer Waldbahn nach Friedrichroda und Tabarz (22 km), die seit 1958 als Linie 4 verkehrt. Außerdem befindet sich hier ein Taxistandplatz.

Westlich vom Bahnhofsgebäude steht das 1867 als schlichter Backsteinbau errichtete Bahnhofspostamt, dahinter die Fußgängerbrücke über das Bahngelände zur Südstraße und zum Südbad. Die alte gußeiserne Hängebrücke

(1873) wurde im Sommer 1985 durch die jetzige Holzbrücke ersetzt. Das 1874 gegründete und 1907 erweiterte Reichsbahnausbesserungswerk ist bei dem Bombenangriff am 6. Februar 1945 schwer getroffen worden, wobei es 44 Tote gegeben hat. In den Nachkriegsjahren hat dieser Betrieb hinter dem Bahnhof mehrmals seine Produktion ändern müssen.

44   Bad am Riedweg, Tierpark

Gern besucht wird das Bad am Riedweg, das 1925 von der Gothaer Arbeiterschaft gebaut wurde und früher auch Volksbad, später Südbad hieß.

Unweit davon ist am Fuße des Kleinen Seeberges (Westseite) der 1954 als Heimattiergarten (vorher »Danio«-Anlage) eingerichtete heutige Tierpark mit seinen verschiedenen Gehegen und Tierarten ein beliebtes Ausflugsziel, besonders auch für Kinder, geworden.

45   Alte Sternwarte

Vom Viadukt aus gelangt man auf den Kleinen Seeberg, den westlichen Teil der Muschelkalkhöhe, die sich im Bogen ostwärts bis nach Seebergen hinzieht. Auf der früher kahlen Höhe (358 m ü. NN) ist 1788/91 eine Sternwarte nach Bauplänen des Ingenieurhauptmanns Christoph Besser (1726-1800) entstanden, die Vorbild für weitere Observatorienbauten (z.B. in Göttingen) wurde. Hier fand im August 1798 der erste internationale Astronomenkongreß mit 20 Teilnehmern statt, unter ihnen der Direktor der Pariser Sternwarte J. J. Lalande, und von hier ging 1803/04 die erste geodätische Gradmessung in Deutschland aus. Nacheinander waren an der Sternwarte die vier berühmten Astronomen Franz Xaver Zach (bis 1808), Bernhard von Lindenau (bis 1822), Franz Encke (1816-1825)

(52) *Alte Sternwarte auf dem Seeberg um 1800.*

und Peter Andreas Hansen (1825-1839) tätig. Die Sternwarte wurde 1806 wegen der Napoleonischen Kriege vorübergehend ausgeräumt und 1813 geplündert. Schon 1810 wurden der Westflügel und ein Jahr später der Ostflügel abgetragen, so daß nur noch der Beobachtungsturm blieb. Als Hansen wegen der Unwirtschaftlichkeit und schlechten Witterungseinflüsse 1839 die Sternwarte aufgab, führte er die Arbeiten in seiner Gothaer Wohnung weiter. Nach seinem Tod wurde das Sternwartenwohnhaus als Gaststätte genutzt – »der Astronomie folgte die Gastronomie« (K. Kohlstock) –, bis es am 20. Februar 1901 abbrannte. 1904 wurde die heutige (Konsum-)Gaststätte »Alte Sternwarte« (Architekt: W. Goette) mit dem wuchtigen, mit Zinnen gekrönten Turm gebaut. Dahinter sind noch ein Meridianstein der alten Sternwarte (um 1790) und ein Obelisk mit einer Inschrifttafel (1904) zu sehen, die beide an die klassische Zeit der Gothaer Astronomie erinnern.

46 Kreiskrankenhaus

An der Erfurter Landstraße wurde 1878 das Krankenhau
(nach 1918 Landeskrankenhaus, nach 1945 Kreiskranken-
anstalten) eröffnet, dazu kam die Gustav-Freytag-Apotheke. 1989 nahm das Kreiskrankenhaus den Namen des
aus Gotha stammenden Göttinger Medizinprofessors und
Anthropologen Johann Friedrich Blumenbach (1752-1840)
an, dessen Geburtshaus noch in der Fritzelsgasse 1 (Gedenktafel) steht.

47 Friedrichskirche

Westlich davon steht die Friedrichskirche (früher auch
»Siechhofskirche« des benachbarten Siechen- bzw. Pflege-
heims genannt). Herzog Friedrich II. von Sachsen-Gotha-
Altenburg ließ sie 1715 als barocken Zentralbau mit Walmdach und kleinem Turmaufsatz (vermutlich) anstelle der
1566/67 zerstörten Nicolaikapelle errichten. Im Innern befinden sich ein schlichter Altar und eine Empore mit drei
Aufgängen; der Eingang liegt an der Westseite, an der Südseite steht ein Glockenstuhl mit Krüppelwalmdach und
einer Glocke von 1647. 1973 wurde die Friedrichskirche
innen gründlich renoviert; sie wird vom Pfarrbezirk Mar-
garethen-Ost für sonntägliche Gottesdienste genutzt.

48 Kinderkrankenhaus

Das Kinderkrankenhaus an der Schlichtenstraße Nr. 12 ist
1912 unter der Schirmherrschaft der letzten Gothaer Herzogin Victoria Adelheid (1885-1970) als Säuglingsheim in
nur neunmonatiger Bauzeit errichtet worden (Architekt:
Alfred Cramer). Das dreigeschossige Gebäude oberhalb des
Wilden Grabens konnte bis zu 25 Säuglinge und 80 Klein-
kinder aufnehmen und sollte zur Senkung der damals noch
hohen Säuglingssterblichkeit beitragen; dazu diente auch

die wöchentliche und kostenlose Mütterberatung. Zuerst war das Heim von einer privaten Stiftung getragen worden und sollte nach 1918 von der Stadt übernommen werden, kam aber 1923 an das Land Thüringen. Die nach 1950 dem Kreiskrankenhaus angegliederte Kinderklinik ist 1964 durch größere Bauarbeiten erneuert und ihre Wasserversorgung stabilisiert worden.

»Zum Mohren« **(49)**

Nicht weit davon steht gegenüber dem 1986 fertiggestellten Busbahnhof das Hotel und Restaurant »Zum Mohren«. Der zweigeschossige Fachwerkbau mit dem Bogengiebel über dem Saaleingang (Mohrenstraße) zeigt eine Mohrengestalt und geht auf das Jahr 1644 zurück, als er noch vor dem Erfurter Tor in der Vorstadt stand. 1740 fand hier die erste Synode der Brüdergemeinden unter ihrem Gründer und Bischof, dem Grafen Nicolaus von Zinzendorf (1700-60) statt. In alter Zeit galt er als der vornehmste Gasthof Gothas: Hier hat Goethe an der Sylvesterredoute 1775 teilgenommen (Gedenktafel), und im Oktober 1813 übernachtete hier Napoleon, an dessen Aufenthalt früher ein Napoleon-Zimmer erinnerte. 1907 erwarb der Gothaer sozialdemokratische Reichstags- und Landtagsabgeordnete Wilhelm Bock (1846-1931) das Haus als Versammlungslokal der Arbeiter; seitdem heißt es »Volkshaus zum Mohren«, in dem vor allem zwischen den beiden Weltkriegen namhafte Funktionäre der Arbeiterparteien aufgetreten sind. Von 1933 bis 1945 war es das »Haus der Deutschen Arbeitsfront«, die es für sich beschlagnahmt hatte. Danach war es wieder Volkshaus bzw. HO-Hotel »Zum Mohren« und ist inzwischen wiederholt restauriert und im Innern teilweise auch baulich verändert worden.

Der Ortsteil Siebleben im Osten der Stadt an der B 7 war ein Dorf, das bereits im Breviarium Lulli, dem Güterverzeichnis des Erzbischofs Lullus von Mainz vom Anfang des 9. Jahrhunderts, erwähnt wird, aber dem Ortsnamen nach sehr viel älter ist. 1174 hat hier Landgraf Ludwig III. von Thüringen die Schenkung eines Tüttleber Gutes an das Kloster Reinhardsbrunn beurkundet. Im Dreißigjährigen Krieg hatte das Dorf viel zu leiden, 1635/36 starben rund 400 Einwohner an der Pest. Im Siebenjährigen Krieg führten wochenlange Truppendurchzüge vor allem französischer Truppen, die dann am 5. November 1757 in der Schlacht bei Roßbach (bei Weißenfels) von den Preußen vernichtend geschlagen wurden, zu schweren Drangsalen. Im Oktober 1813 wurde das Dorf bei der »großen Retirade« (Rückzug) nach der Völkerschlacht bei Leipzig geplündert. Dazu kamen noch die Brandkatastrophen von 1809 und 1827. – Im Oktober 1896 fand hier im Gasthof *Vier Jahreszeiten* ein Parteitag der SDAP mit August Bebel und Wilhelm Liebknecht statt. Nach langen kommunalpolitischen Vorbereitungen wurde Siebleben 1922 in das damals kreisfreie Gotha eingemeindet.

Die *St. Helenakirche* wird schon 1365 als Marienkirche erwähnt. Ein späterer Bau war bei dem großen Brand 1809 zerstört worden. Die heutige St. Helenakirche ist 1827 im klassizistischen Stil mit einem dreigeschossigen Viereckturm mit einem großen Kreuz, das 1923 ein schwerer Sturm herabwarf, massiv aus Werkstein errichtet und am 16. Dezember 1827 in Anwesenheit Herzog Ernsts I. von Sachsen-Coburg und Gotha eingeweiht worden. Die Besitzerin des damaligen Buchwaldschen Freigutes, Caroline von Wangenheim, hatte schon 1818 das Grundstück für den Kirchenneubau gestiftet.

Der *Mönchshof* war im 12. Jahrhundert als »Reinhardsburg« bekannt. Zum 1174 erwähnten Klosterhof der Benediktinerabtei Reinhardsbrunn bei Friedrichroda gehörte auch ein größerer Grundbesitz mit Fischteichen. Nach der

Aufhebung des Klosters 1543 wechselte der Mönchshof wiederholt den Besitzer und gehörte im 17. und 18. Jahrhundert verschiedenen Adelsfamilien. Dann kaufte ihn 1799 Herzog Ernst II. von Sachsen-Gotha-Altenburg als Sommersitz für seinen Sohn, den Erbprinzen August, zum Preis von 40 000 Reichstalern. Das umfangreiche Ackerland wurde verpachtet, der Park war bis 1850 frei zugänglich. 1868 wurde die Stuterei (Pferdezucht) vom Gut Wannigsroda bei Emleben (Krs. Gotha) hierher verlegt. – Das heutige schloßartige Gebäude ist in der zweiten Hälfte des 18. Jahrhunderts erbaut worden, dazu kam 1800 der umgebende, 11,40 ha große Park, der als »schöner englischer Garten« von dem Wörlitzer Landschaftsgärtner Johann Rudolf Eyserbeck (1765-1849) angelegt worden ist. In der zweiten Hälfte des 19. Jahrhunderts haben hier der Gothaer Mineraloge Gustav Jentzsch (1830-77) und der Landschaftsmaler und Graphiker Louis Gurlitt (1812-97) mit seiner Familie – darunter der spätere Dresdner Kunsthistoriker Cornelius Gurlitt (1850-1938) – gelebt. Denn der kunstsinnige Herzog Ernst II. hatte ihnen Wohnräume im Mönchshof überlassen, der auch nach 1918 noch mit Wohnungen genutzt wurde. Am 1. April 1937 gingen Schloß und Park als Schenkung des letzten Gothaer Herzogs Carl Eduard (1884-1954) in städtischen Besitz über. In den Nachkriegsjahren wurde der Mönchshof vorübergehend als Quarantäne-Abteilung des Gothaer Krankenhauses genutzt. Im April 1953 übernahm die Siebleber Landwirtschaftliche Genossenschaft (LPG) das Anwesen, ohne viel für seine Erhaltung zu tun, während später der Park von den Einwohnern für Erholung und Freizeit gepflegt wurde. Neuerdings hat sich ein Gothaer Baubetrieb zusammen mit einem Luxemburger Unternehmen um die Übernahme mit dem Ziel einer Sanierung und Nutzung des Mönchshofs beworben.

An der Weimarer Straße Nr. 145 befindet sich das *Gustav-Freytag-Haus,* das seit 1960 im Erdgeschoß als Kindergarten genutzt wird, wodurch das Gebäude gut erhalten geblieben ist. Wie der durch seine historischen Romane bekannte Dichter und Publizist in seinen »Erinnerungen aus meinem Leben« (1887) geschrieben hat, erwarb er 1851 dieses »altfränkische« Landhaus als seinen Sommersitz. Hier waren im 18. und 19. Jahrhundert, als der Gothaer Staatsminister Sylvius Freiherr von Frankenberg (1728-1815) das Gebäude bewohnte, Goethe, der das Haus »Zur guten Schmiede« nannte, der Bergrat Voigt und auch der Weimarer Herzog Carl August auf ihren Fahrten von Weimar nach Gotha und Eisenach wiederholt eingekehrt. In dem zweigeschossigen Haus (2. Hälfte des 18. Jahrhunderts) mit seinem schönen Walmdach soll das Arbeitszimmer Gustav Freytags, an dessen Aufenthalt eine Gedenktafel erinnert, wieder als museale Gedenkstätte eingerichtet werden. Hier hat er schon während seines ersten Sommeraufenthaltes 1852 sein bekanntes Lustspiel »Die Journalisten«, später seine Romane wie die vielgelesenen »Ahnen« (1871) geschrieben. – Sein Grab befindet sich auf dem alten *Friedhof*

(53) *Gotha-Siebleben, Gustav-Freytag-Haus.*

(54) *Gustav Fraytag (1810–95). Bildnis von Karl Stauffer-Bern 1887, National-Galerie.*

an der Kirche und ist von interessierten Siebleber Bürgern gepflegt worden; das Grabmal ist ein Obelisk mit der Marmorbüste des Dichters (1895). Auf diesem Friedhof sind auch Franziska von Buchwald (1707–89), die hochgebildete Oberhofmeisterin der Gothaer Herzogin Luise Dorothea, und der Gothaer Gesandte in Paris, Baron Friedrich Melchior von Grimm (1723-1807) begraben, der durch seine »Correspondance littéraire, philosophique et critique«, die er an eine Reihe europäischer Fürstenhöfe geliefert hat, zur Verbreitung der französischen Aufklärung und zur Vorbereitung der Revolution von 1789 beitrug. Leider findet man nur noch Trauerweiden an der Stelle ihrer Gräber.

Die Pferderennbahn am Boxberg, wenige Kilometer südwestlich von Gotha gelegen, gilt als eine der ältesten und landschaftlich schönsten in Deutschland. Schon 1842 fand hier das erste Pferderennen statt, dem später weitere folgten. Aber erst 1878 kam es mit der Gründung des »Rennvereins für Mitteldeutschland« unter der Schirmherrschaft Herzog Ernsts II. von Sachsen-Coburg und Gotha zur Anlage der Rennbahn auf dem Boxberg mit einer Tribüne und den Rennställen. Seitdem sind alljährlich an den Himmelfahrtstagen und in der »Gothaer Rennwoche« jeweils im Juli vor allem Vollblutrennen als Jagd- und Flachrennen ausgetragen worden; nur die beiden Kriege haben längere Unterbrechungen verursacht. In den sechziger Jahren wurden auf der Rennbahn im Herbst auch einige Motorrad-Grasbahnrennen veranstaltet. Um die Ställe für die Pferdehaltung weiter zu nutzen, wird hier seit den achtziger Jahren im Sommer auch Reittouristik mit Reitunterricht betrieben. Die traditionsreiche Gothaer Pferderennbahn ist an Renntagen von der Autobahn A 4, sonst von der Landstraße über Gotha-Sundhausen, und mit der Thüringer Waldbahn (Sonderzüge an Renntagen) gut zu erreichen. Sie kann 1992 auf ihre 150jährige Geschichte zurückblicken.

Zeittafel

775   Erste schriftliche Nennung Gothas in einer Urkunde Karls des Großen

1109   Hermann von Got(h)a als Zeuge in einer Urkunde des Grafen Ludwigs des Springers

1180/89   Erste Erwähnung Gothas als Stadt in einer Urkunde Landgraf Ludwigs III. von Thüringen

1217   Landgraf Hermann I. von Thüringen stirbt auf der Burg zu Gotha, die 1316 erstmals als »Grimmenstein« erwähnt wird

1247   Nach dem Tod des letzten Ludowinger Landgrafen Heinrich Raspe Übergang der Landesherrschaft an den Wettiner Heinrich den Erlauchten, Markgrafen von Meissen

1251   Gründung eines Zisterzienserinnen-Klosters zum Heiligen Kreuz, das 1255 vor das Brühler Tor verlegt wird

1258   Niederlassung des Augustiner-Eremiten-Ordens im ehemaligen Zisterzienserinnen-Kloster

1292   Erwähnung einer Lateinschule an der Marienkirche am Berg

1344   Übersiedlung der Augustiner-Chorherren aus Ohrdruf an die Marienkirche am Berg

1366   Umbau der Augustinerkirche am Klosterplatz mit Kreuzgang

1369   Bau des Leinakanals zur Verbesserung der Wasserversorgung

1378   Einkommensverzeichnis der Markgrafen von Meissen und (zugleich) Landgrafen von Thüringen: Gotha mit 145 Brauhöfen größte Stadt im wettinischen Thüringen

1488	»Torgauer Schied« der Landesherren vom 20. April führt »Viermänner« aus der Gemeinde zur Kontrolle des Stadtrates ein
1515	Martin Luther zum ersten Mal in Gotha als Distriktsvikar im Augustinerkonvent; letzter Aufenthalt Anfang März 1537 (erstes Testament)
1524	Bierkrieg und Pfaffensturm Im August Berufung von Friedrich Myconius als Reformator nach Gotha
1530/31	Ausbau des Grimmensteins zur Festung und Abbruch der Marienkirche am Berg
1545	Am 31. Oktober großer Stadtbrand
1566/67	Grumbachsche Händel: Belagerung, Kapitulation und Schleifung der Feste Grimmenstein und der Stadt
1578	Erstes Privileg für die älteste Gothaer Apotheke am Hauptmarkt
1632, 1646 und 1665	Drei Brandkatastrophen legen jeweils die halbe bzw. ganze Stadt in Schutt und Asche
1640	Erbteilung der Ernestiner Fürsten mit Bildung des Herzogtums Sachsen-Gotha unter Ernst dem Frommen: Gotha wird Residenzstadt (bis 1918)
1643-54	Bau des Schlosses Friedenstein
1683	Erstes Hoftheater
18. Jh.	In den ersten Jahrzehnten barocke Neubauten und Anlage der Orangerie
1757	Gründung der Gothaer Porzellanmanufaktur als erste in Thüringen Gotha mit 11 000 Einwohnern zweitgrößte Stadt in Thüringen
1774-78	Conrad Ekhof, »Vater der deutschen Schauspielkunst«, Direktor des Hoftheaters
1788-91	Bau der Seeberg-Sternwarte
1806-11	Abtragen der alten Stadtbefestigung

1807-12	Teilnahme des Rheinbund-Regiments »Herzöge zu Sachsen« an den Napoleonischen Feldzügen mit schweren Verlusten
1812	Großes Musikfest in der Margarethenkirche mit Carl Maria von Weber und Louis Spohr
1821, 1827	Gründungen der Gothaer Versicherungsbanken
1826	Nach dem Aussterben der Gothaer Ernestiner tritt das Haus Sachsen-Coburg die Nachfolge in Gotha an
1837-39/40	Bau des (Real-)Gymnasiums an der Bergallee und des neuen Hoftheaters am Arnoldiplatz
1842	Erstes Pferderennen auf dem Boxberg
1847	Am 10. Mai Eröffnung der Eisenbahnstrecke Erfurt-Gotha, am 24. Juni der Weiterführung nach Eisenach
1848	Im März Unruhen und Volksversammlungen mit demokratischen Forderungen vor allem der Handwerker
1849	Im Juni Tagung des »Gothaer Nachparlaments« der Frankfurter Nationalversammlung
1851	Der Romancier und Publizist Gustav Freytag erwirbt in Siebleben ein Landhaus
1852	Erlaß des revidierten Staatsgrundgesetzes für Sachsen-Coburg und Gotha Am 3. Juni erste Allgemeine deutsche Lehrerversammlung im Schießhaus
1862	Anfang Juli erstes deutsches Schützenfest und Gründung des Deutschen Schützenbundes; Thüringer Turnerfest
1866	Ende Juni Schießhaus Hilfslazarett für die Verwundeten der Schlacht bei Langensalza
1875	Vereinigungskongreß der Arbeiterpartei August Bebels mit dem Deutschen Arbeiterverein Ferdinand Lassalles (»Gothaer Programm«)

1878	Bau des ersten Krematoriums in Deutschland auf dem Hauptfriedhof
1894	Am 2. Mai Eröffnung der ersten elektrischen Straßenbahn
1898	Gründung der Stadtbücherei (heute Heinrich-Heine-Bibliothek)
1905	Regierungsantritt des letzten Gothaer Herzogs Carl Eduard Gotha hat 36 900 Einwohner
1908	Eröffnung des ersten ständigen Kinos (»Weiße Wand«)
1910	Bau einer Luftschiffhalle für den Flugverkehr
1918	Gothaer Arbeiter- und Soldatenrat erklärt den Herzog für abgesetzt; bis 1920 Freistaat Sachsen-Gotha
1920	Am 18. März Kapp-Putsch: Bewaffnete Arbeiterwehren im Kampf gegen Reichswehrtruppen Am 1. Mai Bildung des Landes Thüringen aus den 7 ehemaligen Herzog- und Fürstentümern
1922	1. Oktober Gotha kreisfreie Stadt; Eingemeindung Sieblebens
1929	Am 17. Juli Eröffnung der Thüringer Waldbahn nach Friedrichroda und Tabarz
1933	Vereinigung des Gothaer Landestheaters mit Sondershausen »Teeschlößchen« wird Fröbelheim für Kindergärtnerinnen (-ausbildung)
1935	Im Oktober Flak-Einheit nach Gotha – Wehrmachtstandort Beginn der Judenverfolgungen
1938	Am 1. März erster Faschingsumzug Autobahnbau südlich der Stadt Am 9./10. November Niederbrennung der Synagoge

1939	Kriegsbeginn: Allgemeine Verdunkelung und Lebensmittelrationierung
1940	Am 26. Juli erster nächtlicher Luftangriff mit Bomben außerhalb der Stadt Weitere z.T. schwere Luftangriffe 1941, 1944 und 1945
1945	Am 3. April Kapitulation und Übergabe der Stadt an einrückende US-Armee Am 5. April Erschießung des Standortältesten, Oberstleutnant Josef von Gadolla, nach dem Versuch, Gotha kampflos zu übergeben Am 3. Juli Besatzungswechsel: Einrücken der Roten Armee
1946	Am 7. April Zusammenschluß der Thüringer Landesverbände der KPD und SPD zur Sozialistischen Einheitspartei (SED) in der Stadthalle (Schießhaus) Am 8. September demokratische Kommunalwahl mit getrennten Listen der Parteien: Liberaldemokraten stärkste Partei, die bis 1959 den (Ober-)Bürgermeister stellte
1948	Im Dezember Eröffnung der ersten »Freien Läden« der Handelsorganisation HO
1950	Am 1. Juli erste Verwaltungsreform mit Änderung der Kreisgrenzen und Aufhebung der Kreisfreiheit Gothas
1956	Ende August bis Oktober Rückführung der Bibliotheksbestände im Schloß Friedenstein aus der Sowjetunion (Anfang 1946 dorthin ausgelagert), im Jahr darauf Rückführung der Bestände des Schloßmuseums und des Münzkabinetts
1958	Am 1. Juni Abschaffung der letzten Lebensmittelkarten (seit 1. September 1939)
1967	Bau des ersten Heizwerkes für Fernwärme an der Leinastraße
1969	Erneuerung des 1944 durch Bombenwurf z.T.

zerstörten Neumarktes nach Verlagerung der Straßenbahn in die Gartenstraße

1970-73	Bau der ersten Wohngruppe im Neumarktgebiet Gotha-West (Stölzel-/v. Zach-Straße) Umbau des ehemaligen Kinos LIAK am Ekhofplatz zum Gothaer Kulturhaus mit moderner Bühnentechnik
1980-81	Abriß des alten Gassenviertels («Pestviertel«) beiderseits der Blumenbachstraße, danach hier sowie an der Garten- und Moßlerstraße Neubauten
1983-84	Bau der neuen »Versöhnungskirche« am nordwestlichen Stadtrand (Syltenstraße)
1984-85	Restaurierung der Häuser am Hauptmarkt (unter Denkmalschutz)
1988	Städtepartnerschaftsvertrag mit der niedersächsischen Stadt Salzgitter
1989	Im Oktober Friedensgebete in der Augustinerkirche mit anschließenden friedlichen Demonstrationszügen und Kundgebungen zum Hauptmarkt gegen die SED-Diktatur Vom 11. November an politische Gespräche am »Runden Tisch« in der Versöhnungskirche
1990	Am 6. Mai freie und demokratische Kommunalwahlen Am 3. Oktober Ernennung des evangelischen Superintendenten Eckart Hoffmann zum Ehrenbürger Gothas Am 14. Oktober Landtagswahlen für das neue Bundesland Thüringen Am 3. Dezember erste gesamtdeutsche Bundestagswahl
1991	Am 17. April Besuch des Bundespräsidenten Richard von Weizsäcker in Gotha Am 5. Juli Einweihung des neuen Arnoldi-Denkmals am Arnoldiplatz

Literaturhinweise

Die ältere Literatur zur Geschichte Gothas weist KURT SCHMIDT in seiner Bibliographie „Gotha im heimatkundlichen Schrifttum" (Gotha 1939) nach; Ergänzungen dazu mit späterer Literatur bietet HANS PATZE mit der „Bibliographie zur thüringischen Geschichte" (Köln, Graz 1965–1966), darin Gotha S. 40, 552–562 u. a. (vgl. auch Registerband).

Für den Historiker sind folgende Werke immer noch wichtig: RUDOLPHI, FRIEDRICH: Gotha diplomatica, T. 1–5. Frankfurt a. M. 1717–1719. – BECK, AUGUST: Geschichte des gothaischen Landes. Bd. 1: Geschichte der Regenten; Bd. 2: Geschichte der Stadt Gotha. Gotha 1868–1870. – Gotha. Das Buch einer deutschen Stadt, 2 Bde. Gotha 1931–1938.

Viele Details zur Geschichte Gothas und seiner Gebäude enthalten die „Entdeckungsreisen in der Heimat" von KARL KOHLSTOCK, 2. Aufl. 1926 (H. 1–12, 15–17) und die rund 1500 Aufsätze – von guten Kennern geschrieben – in der Heimatbeilage „Rund um den Friedenstein" (Jg. 1924–40) des „Gothaischen Tageblattes".

Aus der Literatur nach 1945 sind die Monatsblätter des Kulturbundes in Gotha „Der Friedenstein" (1954–63) und die beiden Reihen der „Gothaer Museumshefte" mit den „Abhandlungen und Berichten zur Regionalgeschichte" (seit 1964) und den „Abhandlungen und Berichten des Museums der Natur Gotha" (seit 1963) mit ihren zahlreichen heimatkundlichen Beiträgen zu nennen. Im übrigen erteilt die Forschungs- und Landesbibliothek Gotha, Schloß Friedenstein, auf Anfrage bibliographische Auskunft über weitere Literatur.

Ausgewählte Literatur

BERFELDE, ELEONORE: Die Gothaer Krankenanstalten von ihren Anfängen bis zur Gegenwart. Ein historischer Abriß. (Med. Diss.) Erfurt 1968

Denkmale des Kreises Gotha, 2. Aufl. Gotha 1990 (Gotha: S. 22–46).

Forschungsbibliothek Gotha. Bücher aus zwölf Jahrhunderten. 3. erg. Aufl. Gotha 1988.

Gotha. Zur Geschichte der Stadt. 2. Aufl. Gotha 1979.

Gothaer Geographen und Kartographen. Gotha 1985.

MÜLLER, DETLEF: Die ur- und frühgeschichtliche Besiedlung des Gothaer Landes, in: Alt-Thüringen, 17. Bd., Weimar 1980, S. 19 – 180.

MYCONIUS, FRIEDRICH: Geschichte der Reformation. Neudruck der Ausgabe Leipzig 1914. Gotha 1990.

PATZE, HANS/SCHLESINGER, WALTER: Geschichte Thüringens, 1 – 6. Bd. Köln, Wien 1967 – 1984.

STEGUWEIT, WOLFGANG: Geschichte der Münzstätte Gotha. Weimar 1987.

STEGUWEIT, WOLFGANG/SCHÄFER, BERND: Schloß Friedenstein in Gotha. Leipzig 1985 (Baudenkmale, H. 60).

Von der Kunstkammer zum Schloßmuseum. 325 Jahre Sammlungen für Kunst und Wissenschaft auf Schloß Friedenstein. Gotha 1985.

Von der Kunstkammer zum Museum. Plastik aus dem Schloßmuseum Gotha. 9. Mai bis 28. Juni 1987. Ausstellung der Museen der Stadt Gotha ... in Duisburg, Gotha 1987.

Legende zum Stadtplan

Ziffer = Objekt-Nummer

 1 Schloß Friedenstein
 2 Museum der Natur
 3 Park und Anlagen
 4 Schloßberg
 5 Rathaus
 6 Hauptmarkt
 7 Goethe-Apotheke
 8 Cranach-Haus
 9 Histor. Bürgerhäuser
10 Brühl
11 Neumarkt
12 Margarethenkirche
13 Erfurter Straße
14 Arnoldiplatz
15 Hauptpost
16 Deutsche Bank
17 Schloß Friedrichsthal
18 Orangerie
19 Geogr.-Kartogr. Anstalt
20 Kreisgericht
21 Augustinerkirche
22 Myconiusplatz
23 Bürgeraue
24 Gymn. Bergallee
25 Arnoldischule
26 Ing.-Schule f.Bauwesen
27 Versöhnungskirche
28 Freundwarte
29 Jüdischer Friedhof

30 Rohrbach-Sternwarte
31 Stadthalle
32 Lutherschule
33 St.-Bonifatius-Kirche
34 Synagoge
35 Hauptfriedhof
36 Marstall
37 Prinzenpalais (Clubhaus
   d. Jugend) und Jugend-
   herberge
38 Haus der Kinder
39 Reyherschule
40 Gothaer Versicherungen
   (Haus Albany)
41 Allianz-Versicherung
   (ehem. Lebensbank)
42 Neue Sternwarte
43 Hauptbahnhof
44 Freibad, Tierpark
45 Alte Sternwarte
46 Kreiskrankenhaus
47 Friedrichskirche
48 Kinderkrankenhaus
49 Hotel „Zum Mohren"
   (Volkshaus)
50 Ortsteil Siebleben
51 Pferderennbahn am
   Boxberg
52 Gotha-Information

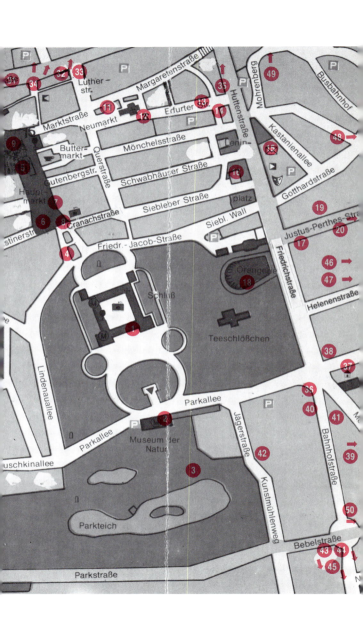

Bildnachweis

Ziffer = Abbildungsnummer

Dr. Helmut Roob, Gotha (Foto): 13 – 15, 26 – 30, 37, 41, 42, 46, 48. — Ernst Prause, Gotha: 16, 21 – 23, 25. – Heiko Stasjulevics, Gotha: 11, 32, 49, 50, 51. – Alle übrigen: Sammlung Dr. Helmut Roob, Gotha.

In der Reihe »Historische Stadtführer«

sind bereits Bände zu folgenden Städten erschienen:

Hechingen
Sigmaringen
Heidelberg
Jena
Lutherstadt Wittenberg
Gotha
Erfurt

Die Reihe wird fortgesetzt. In Vorbereitung sind u. a. Bände zu folgenden Städten:

Österreich: Feldkirch, Bregenz

Alte Bundesländer: Konstanz, Stuttgart

Neue Bundesländer: Potsdam, Dresden, Gera, Leipzig, Halberstadt, Freiberg/Sachsen, Schwerin, Rostock, Waren (Müritz), Güstrow, Prenzlau, Frankfurt/Oder, Magdeburg, Quedlinburg, Merseburg

regio Verlag Glock und Lutz · Sigmaringendorf

Zeugnissse der Geschichte
Brücken
zwischen gestern und morgen

Schloß Friedenstein, Wahrzeichen der Residenzstadt Gotha, wo vor über 170 Jahren von dem Kaufmann Ernst Wilhelm Arnoldi die heutige Gothaer Versicherungsbank und sieben Jahre später die Gothaer Lebensversicherungsbank gegründet wurden. Die engen Grenzen des thüringischen Kleinstaates haben die Gothaer Gesellschaften bald überschritten und turbulente Zeiten überdauert. Nach dem zweiten Weltkrieg wurden Köln und Göttingen die Schaltstellen der Unternehmen, die sich zusammen mit ihren Tochtergesellschaften, der Gothaer Krankenversicherung AG, der Gothaer Allgemeine Versicherung AG und der Gothaer Rückversicherung AG, durch Weitsicht und Einsatz zu einer der bedeutendsten Versicherungsgruppen entwickelten. Heute arbeiten sie in den wichtigsten Metropolen Europas und unterhalten weltweite Verbindungen. Mit ihrer Größe und Leistungskraft wächst die Garantie für Sicherheit — im Großen wie im Kleinen: damit Risiken weitgehend ausgeschaltet und industrielle Projekte realisierbar werden, damit Handel und Gewerbe blühen können, Werte erhalten bleiben, Besitzstand gewahrt wird und jeder einzelne die Chance hat, ruhiger seiner Zukunft entgegenzusehen oder die seiner Hinterbliebenen zu sichern.

Gothaer
Versicherungen